# 이창호 바둑입문 2

## - 기초 완성 편 -

이창호·성기창 공저

다산출판사

# 머리말

인류가 만들어 낸 많은 게임 중에 바둑처럼 오래된 역사를 간직하고 있는 게임을 찾아보기란 쉽지 않습니다. 그토록 오랜 역사를 간직하며 바둑이 두어지고 있다는 것은 그만큼 바둑이 재미있는 게임이며 흥미 요소 외에 특별한 그 무엇이 존재한다는 증거일 것입니다. 바둑은 오랜 기간 동안 한, 중, 일 동양 3국을 중심으로 크게 성행을 했습니다. 그렇지만 현대에는 전 유럽뿐만 아니라 미국, 동남아시아 등 세계 전역에서 골고루 두어지고 있을 만큼 많은 인기를 누리고 있습니다. 이처럼 흥미진진한 바둑의 세계에 입문한다는 것은 학문을 통해 최고의 진리를 탐구하는 지성인들에게 또 다른 세상을 경험할 수 있는 더 없이 좋은 기회가 될 것입니다. 그런데 중요한 것은 그토록 흥미진진한 바둑을 어떻게 배울 것인가 하는 점입니다. 혹자는 '바둑처럼 쉬운 게임도 없다' 라고 얘기를 하지만 바둑을 처음 접하는 입문자 입장에서는 어디에서부터 어떻게 시작해야 할지 막막하기 그지없는 것이 현실입니다. 사실 바둑을 잘 두기 위해서는 포석, 정석, 행마, 사활 등등 기본적으로 습득해야 할 것들이 너무도 많습니다. 하지만 그런 모든 것들을 모두 암기해야만 한다면 이보다 더 곤혹스러운 일도 없을 것입니다. 그렇지만 크게 걱정할 필요는 없습니다. 바둑의 핵심 원리를 알고 그 원리를 토대로 응용할 수 있다면 손쉽게 입문할 수 있기 때문입니다. 그런 의미에서 이 책은 바둑 입문자들이 바둑을 손쉽게 이해할 수 있도록 원리적인 내용으로 구성되었다는 측면에서 큰 의미가 있다고 할 수 있을 것입니다. 부디 이 책이 바둑에 입문하고자 하는 모든 분들께 좋은 길잡이가 될 수 있기를 기대합니다.

2015년 2월 저자

## 차 례

# 제 1 장  축과 축머리

상대방 돌을 축으로 공격할 때 주의해야 할 것은 축머리입니다. 축으로 몰고 나가는 방향에 상대방 돌이 놓여 있다면 축이 성립하지 않기 때문입니다. 이 장을 통해서는 축머리를 피해서 공격하는 방법을 공부해 보도록 하겠습니다.

## 장면도 1

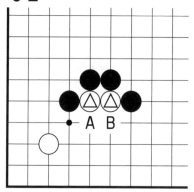

백△ 두점을 축으로 공격하려고
합니다. 흑은 A와 B 중 어느 쪽으
로 단수쳐야 백을 잡을 수 있을까
요?

## 1도(올바른 단수)

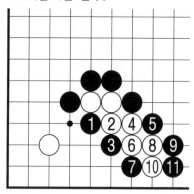

흑1로 단수치는 것이 중요합니다.
백2로 달아나도 흑3으로 단수친
후 11까지 공격하면 백은 손해만
커질 뿐입니다.

## 2도(잘못된 단수)

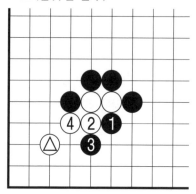

흑1로 단수치는 것은 잘못된 단수
의 방향입니다. 백2·4로 달아나
고 나면 백△ 한점이 구원군이 되
어 더 이상 공격이 불가능합니다.
백△ 한점을 가리켜 축머리라고
부릅니다.

## 3도(공격 불가능)

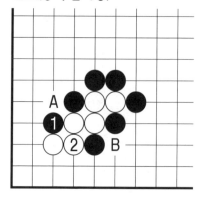

2도 이후 흑1로 단수쳐도 백2로
이으면 그만입니다. 도리어 흑은
A와 B의 양단수가 치명적인 약점
으로 남았습니다. 축으로 몰다가
실패하면 이처럼 도리어 자신이
공격받게 됩니다.

## 익힘문제

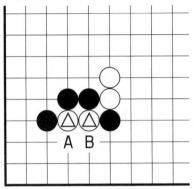

흑은 백△ 두점을 축으로 공격하려고 합니다. 흑이 축머리를 피해서 공격하려면 A와 B 중 어느 곳으로 단수쳐야 할까요?

## 1도(정답)

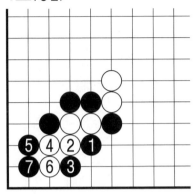

흑1로 단수쳐야 합니다. 백2로 달아나도 흑3으로 단수치고 흑7까지 공격하면 백은 낭떠러지에 몰려 모두 잡히고 맙니다.

## 2도(실패)

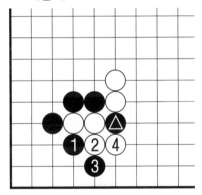

흑1로 단수치는 것은 잘못된 단수의 방향입니다. 백2 때 흑3으로 단수쳐도 백4로 달아나면 흑● 한 점이 단수가 되어 도리어 흑이 공격받게 됩니다.

## 3도(참고)

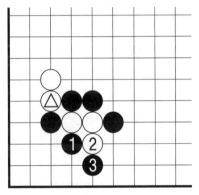

백△로 끊겨 있는 상황이라면 흑1로 단수치는 것이 축머리를 피하는 올바른 단수의 방향입니다.

## 장면도 2

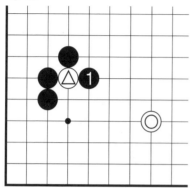

백△ 한점을 축으로 잡기 위해 흑1로 단수친 장면입니다. 백◎ 한점이 대기하고 있는 지금 흑은 백△ 한점을 축으로 잡을 수 있을까요 아니면 잡을 수 없을까요?

## 1도(축머리)

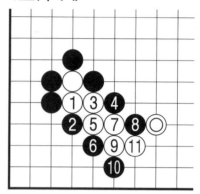

백1로 달아나면 흑은 2로 단수쳐야 합니다. 계속해서 백3으로 달아나고 흑10까지 축을 몰았을 때 백11로 달아나면서 단수가 되었습니다. 이 형태는 백◎ 한점이 축머리가 됩니다.

## 2도(축이 성립)

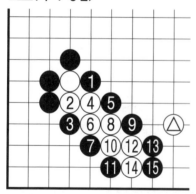

흑1로 단수쳤을 때 백△의 곳에 돌이 놓여 있다면 백△ 한점은 축머리가 되지 않습니다. 흑15에 이르러 백은 모두 잡히고 말았습니다.

## 3도(축머리의 범위)

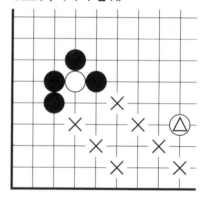

축머리가 성립하기 위해선 ×로 표시한 선상에 돌이 놓여 있거나 바로 옆줄 또는 안쪽에 돌이 놓여 있어야 합니다. 백△처럼 대각선으로 놓여 있는 돌은 축머리가 아닙니다.

# 연습문제 1~6

축머리를 피해서 백△를 잡으려면 흑은 A와 B 중 어느 곳으로 단수쳐야 할까요?

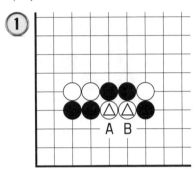

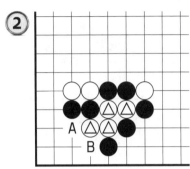

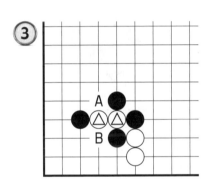

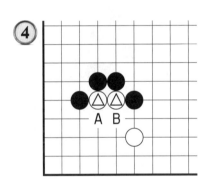

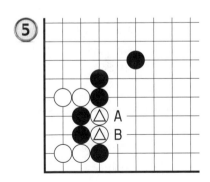

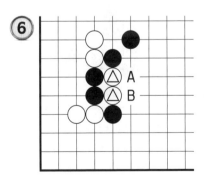

①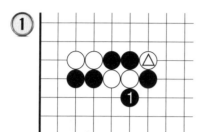

흑1로 단수치는 것이 백△ 한점의 축머리를 피해서 공격하는 방법입니다.

②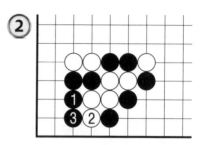

흑1이 정답입니다. 백2로 달아나도 흑3으로 단수치면 축으로 잡을 수 있습니다.

③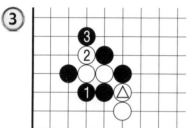

흑1로 단수치는 것이 백△ 한점의 축머리를 피해서 공격하는 방법입니다.

④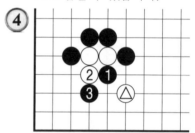

흑1로 단수치는 것이 백△ 한점의 축머리를 피해서 공격하는 방법입니다.

⑤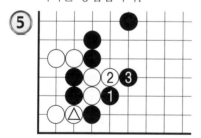

흑1로 단수치는 것이 백△ 한점의 축머리를 피해서 공격하는 방법입니다.

⑥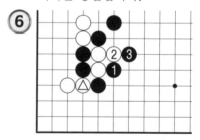

흑1로 단수치는 것이 백△ 한점의 축머리를 피해서 공격하는 방법입니다.

축머리를 피해서 백△를 축으로 잡으려면 어느 곳으로 단수쳐야 할까요?

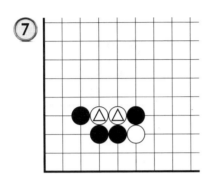

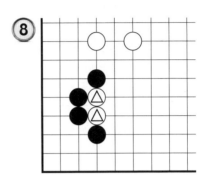

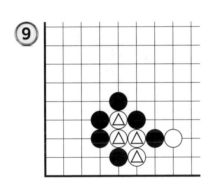

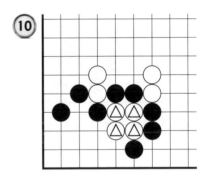

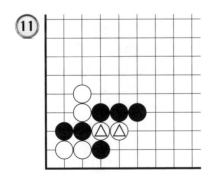

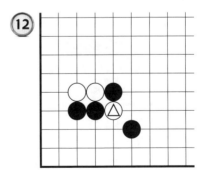

# 연습문제 7~12 정답

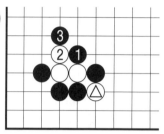

흑1로 단수치는 것이 백△ 한점의 축머리를 피해서 공격하는 방법입니다.

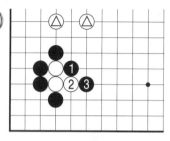

흑1로 단수치는 것이 백△ 의 축머리를 피해서 공격하는 방법입니다.

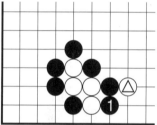

흑1로 단수치는 것이 백△ 한점의 축머리를 피해서 공격하는 방법입니다.

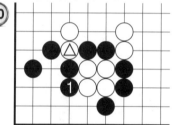

흑1로 단수치는 것이 백△ 한점의 축머리를 피해서 공격하는 방법입니다.

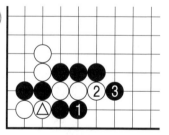

흑1로 단수치는 것이 백△ 한점의 축머리를 피해서 공격하는 방법입니다.

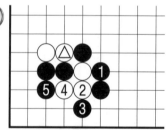

흑1로 단수치는 것이 백△ 한점의 축머리를 피해서 공격하는 방법입니다.

# 연습문제 13~18

축머리를 피해서 백△를 축으로 잡으려면 어느 곳으로 단수쳐야 할까요? (3수 표시)

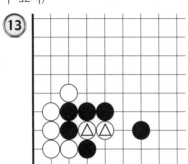

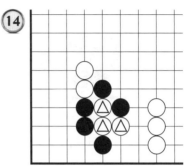

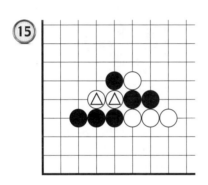

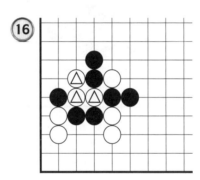

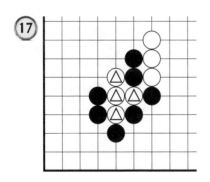

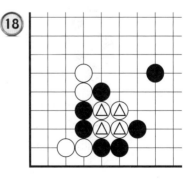

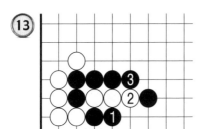

흑1로 단수친 후 3으로 공격
하면 축머리를 피해서 백을
잡을 수 있습니다.

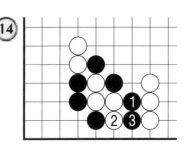

흑1로 단수친 후 3으로 공격
하면 축머리를 피해서 백을
잡을 수 있습니다.

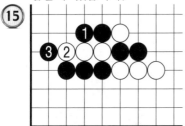

흑1로 단수친 후 3으로 공격
하면 축머리를 피해서 백을
잡을 수 있습니다.

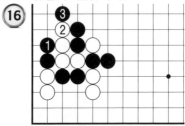

흑1로 단수친 후 3으로 공격
하면 축머리를 피해서 백을
잡을 수 있습니다.

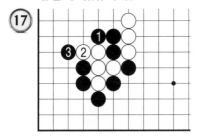

흑1로 단수친 후 3으로 공격
하면 축머리를 피해서 백을
잡을 수 있습니다.

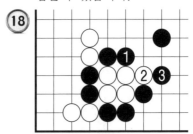

흑1로 단수친 후 3으로 공격
하면 축머리를 피해서 백을
잡을 수 있습니다.

흑1로 단수친 수가 축머리를 피해서 잘 두고 있으면 ○표, 그렇지 않으면 ×표 하세요.

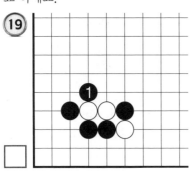

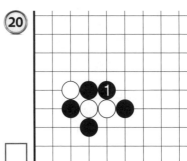

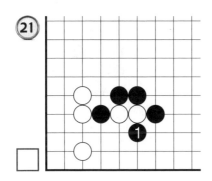

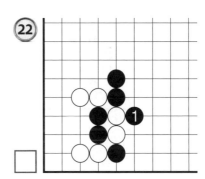

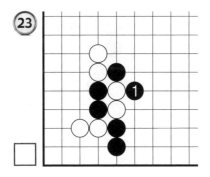

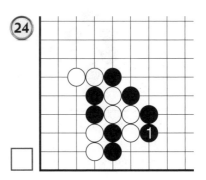

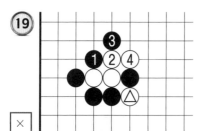

흑1로 단수치는 것은 백2·4 때 백△ 한점이 축머리로 작용합니다.

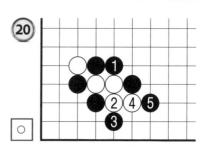

흑1로 단수치면 백2로 달아나도 흑5까지 축머리와 상관없이 백을 잡을 수 있습니다.

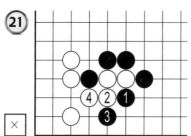

흑1로 단수치는 것은 백2·4 때 흑 한점이 단수가 되므로 축이 되지 않습니다.

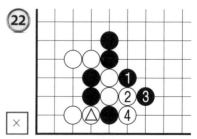

흑1로 단수치는 것은 백2·4 때 백△ 한점이 축머리로 작용합니다.

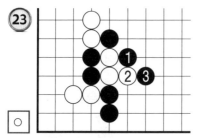

흑1로 단수치면 백2로 달아나도 흑3까지 축머리와 상관없이 백을 잡을 수 있습니다.

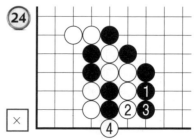

흑1로 단수치는 것은 백2·4 때 흑 두점이 먼저 잡히므로 축이 되지 않습니다.

흑1로 단수쳐서 백△ 한점을 축으로 잡을 수 있으면 ○표, 그렇지 않으면 ×
표 하세요.

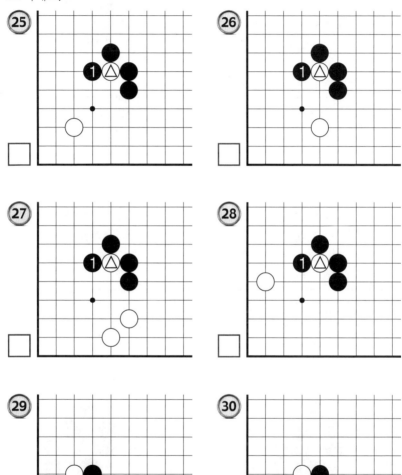

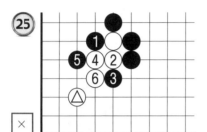

흑1은 백2로 달아난 후 6까지 백△ 한점이 축머리로 작용하므로 축이 성립하지 않습니다.

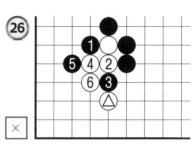

흑1은 백2로 달아난 후 6까지 백△ 한점이 축머리로 작용하므로 축이 성립하지 않습니다.

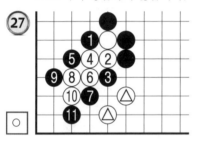

흑1은 백2·4로 달아나도 백△가 축머리로 작용하지 않으므로 흑11까지 백을 잡을 수 있습니다.

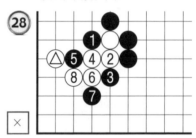

흑1은 백2로 달아난 후 8까지 백△ 한점이 축머리로 작용하므로 축이 성립하지 않습니다.

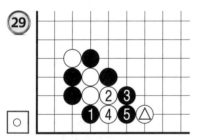

흑1은 백2·4로 달아나도 백△가 축머리로 작용하지 않으므로 흑5까지 백을 잡을 수 있습니다.

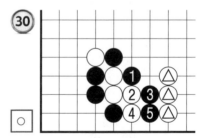

흑1은 백2·4로 달아나도 백△가 축머리로 작용하지 않으므로 흑5까지 잡을 수 있습니다.

백1로 단수쳤을 때 축머리를 이용해서 흑A로 달아날 수 있으면 ○표, 그렇지 않으면 ×표 하세요.

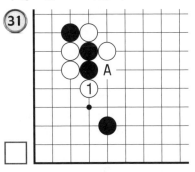

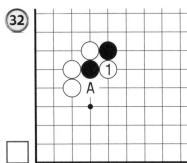

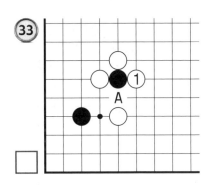

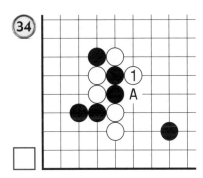

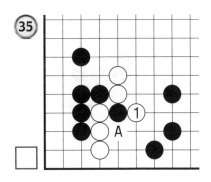

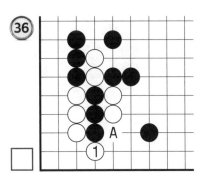

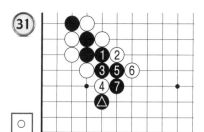

○

흑1로 달아나면 백2·4로 공격해도 흑7까지 흑▲ 한점이 축머리로 작용하므로 흑이 살 수 있습니다.

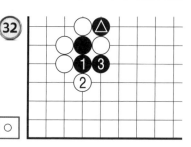

○

흑1로 달아나면 백2로 공격해도 흑3까지 흑▲ 한점이 축머리로 작용하므로 흑이 살 수 있습니다.

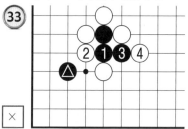

×

흑1로 달아나도 백2·4로 공격하면 흑▲ 한점이 축머리로 작용하지 않으므로 흑이 살 수 없습니다.

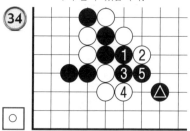

○

흑1로 달아나면 백2·4로 공격해도 흑5까지 흑▲ 한점이 축머리로 작용하므로 흑이 살 수 있습니다.

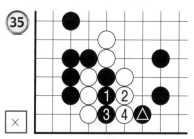

×

흑1로 달아나도 백2·4로 공격하면 흑▲ 한점이 축머리로 작용하지 않으므로 흑이 살 수 없습니다.

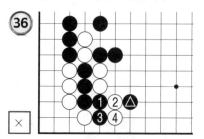

×

흑1로 달아나도 백2·4로 공격하면 흑▲ 한점이 축머리로 작용하지 않으므로 흑이 살 수 없습니다.

# 제 2 장 활로를 줄이는 방향

활로는 바둑돌의 생명줄이나 다름없습니다. 그런데 바둑
돌의 활로를 줄일 때 방향과 순서를 적절하게 고려해야 공
격력을 배가시킬 수 있습니다. 이 장을 통해서는 활로를 줄
이는 방향과 순서에 대해 공부하겠습니다.

## 장면도

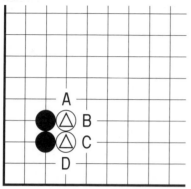

백△ 두점은 A~D까지 4개의 활로를 갖고 있습니다. 흑이 백의 활로를 막아서 공격하고자 한다면 A~D 중 어느 곳의 활로를 제일 먼저 막아야 할까요?

## 1도(넓은 쪽을 공격)

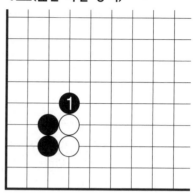

흑1로 막는 것이 정답입니다. 흑은 백이 넓은 중앙쪽으로 활로를 넓히지 못하도록 막아야 합니다.

## 2도(잘못된 방향)

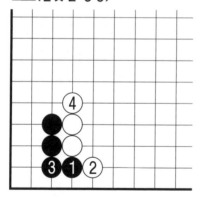

흑1은 잘못된 방향입니다. 백이 2로 젖힌 후 4로 뻗어 중앙쪽으로 활로를 넓히면 공격이 불가능합니다.

## 3도(나쁜 수)

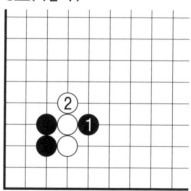

흑1은 가장 나쁜 수입니다. 백2로 좌우 흑돌을 분단시키면 흑이 불리한 형태가 됩니다.

## 익힘문제 1

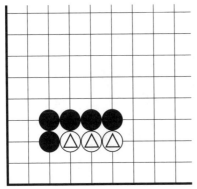

백△ 석점의 활로를 막아서 공격하려고 합니다. 흑은 어느 곳의 활로를 제일 먼저 막아야 할까요?

## 1도(정답)

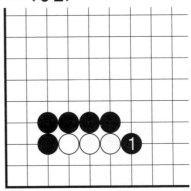

흑1로 막는 것이 정답입니다. 흑1은 백이 넓은 변쪽으로 활로를 넓히지 못하도록 방해하는 수입니다.

## 2도(실패 1)

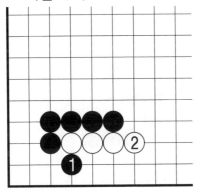

흑1로 젖혀서 활로를 줄이는 것은 실패입니다. 백은 2로 뻗어서 넓은 변쪽으로 활로를 넓힐 것입니다.

## 3도(실패 2)

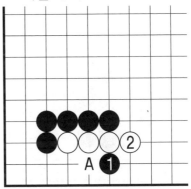

흑1 또는 A에 두어 활로를 줄이는 것은 가장 나쁜 수입니다. 백2로 뻗고 나면 흑1로 둔 수가 오히려 공격받게 됩니다.

## 익힘문제 2

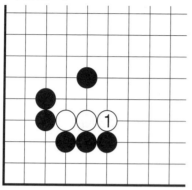

백이 1로 달아난 장면입니다. 흑은
어느 곳의 활로를 제일 우선적으
로 막아야 할까요?

## 1도(정답)

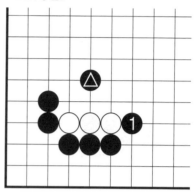

흑1로 젖혀서 막아야 합니다. 흑●
한점이 백의 앞길을 가로막고 있
기 때문에 백은 살기가 힘들어졌
습니다.

## 2도(실패 1)

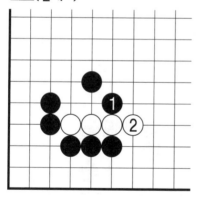

흑1로 공격하는 것은 백2로 뻗게
해서 좋지 않습니다.

## 3도(실패 2)

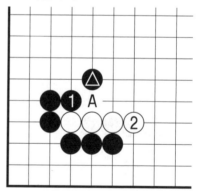

흑1로 두는 것은 더욱 좋지 않습니
다. 흑1이나 A는 흑● 한점이 백의
활로를 미리 막고 있기 때문에 두지
않아도 되는 곳입니다.

흑은 A~C 중 어느 곳의 활로를 제일 먼저 막아야 할까요?

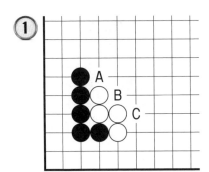

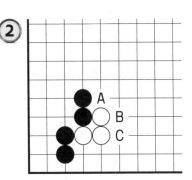

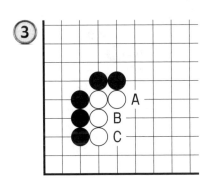

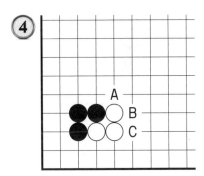

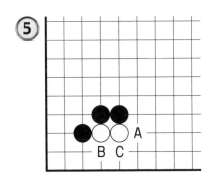

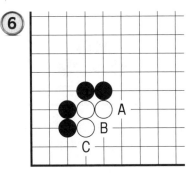

# 연습문제 1~6 정답

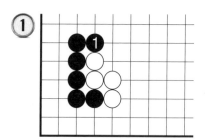

흑1이 제일 먼저 막아야 할 백돌의 활로입니다.

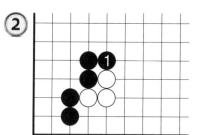

흑1이 제일 먼저 막아야 할 백돌의 활로입니다.

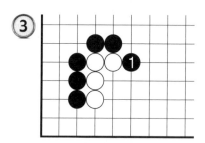

흑1이 제일 먼저 막아야 할 백돌의 활로입니다.

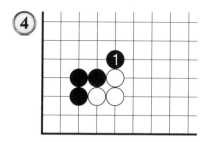

흑1이 제일 먼저 막아야 할 백돌의 활로입니다.

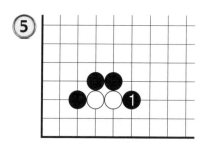

흑1이 제일 먼저 막아야 할 백돌의 활로입니다.

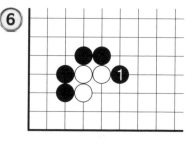

흑1이 제일 먼저 막아야 할 백돌의 활로입니다.

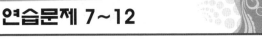

# 연습문제 7~12

흑은 A~C 중 어느 곳의 활로를 제일 먼저 막아야 할까요?

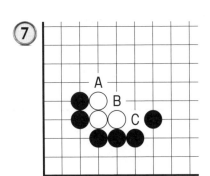

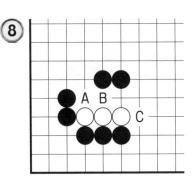

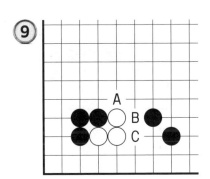

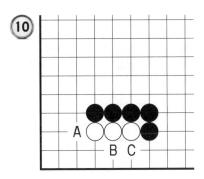

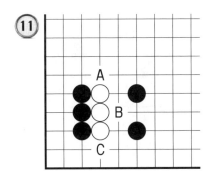

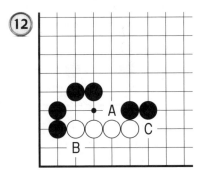

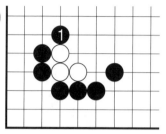

흑1이 제일 먼저 막아야 할
백돌의 활로입니다.

 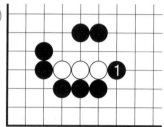

흑1이 제일 먼저 막아야 할
백돌의 활로입니다.

 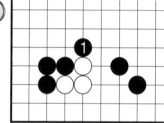

흑1이 제일 먼저 막아야 할
백돌의 활로입니다.

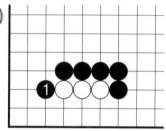

흑1이 제일 먼저 막아야 할
백돌의 활로입니다.

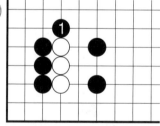

흑1이 제일 먼저 막아야 할
백돌의 활로입니다.

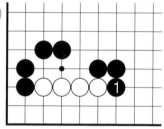

흑1이 제일 먼저 막아야 할
백돌의 활로입니다.

# 연습문제 13~18

제일 먼저 막아야 할 백돌의 활로를 찾아 1수 표시하세요.

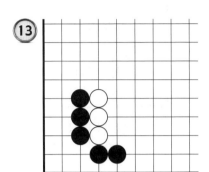

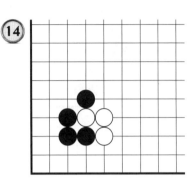

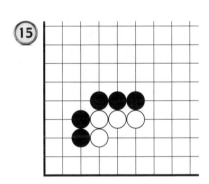

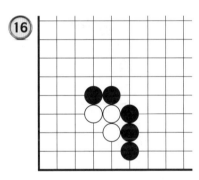

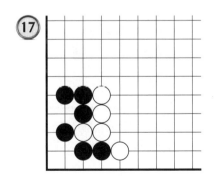

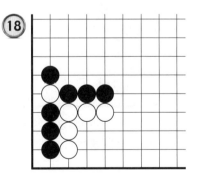

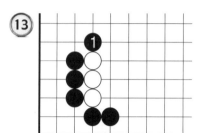

흑1이 백돌의 활로를 줄이는
가장 좋은 방법입니다.

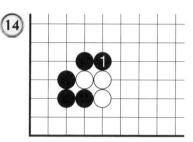

흑1이 백돌의 활로를 줄이는
가장 좋은 방법입니다.

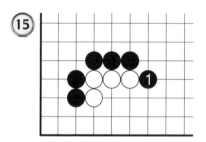

흑1이 백돌의 활로를 줄이는
가장 좋은 방법입니다.

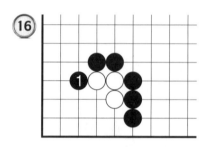

흑1이 백돌의 활로를 줄이는
가장 좋은 방법입니다.

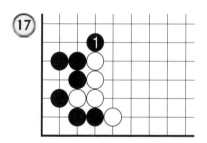

흑1이 백돌의 활로를 줄이는
가장 좋은 방법입니다.

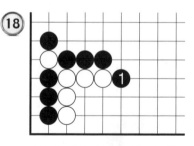

흑1이 백돌의 활로를 줄이는
가장 좋은 방법입니다.

# 연습문제 19~24

제일 먼저 막아야 할 백돌의 활로를 찾아 1수 표시하세요.

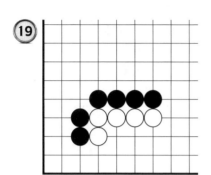

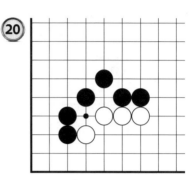

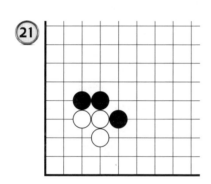

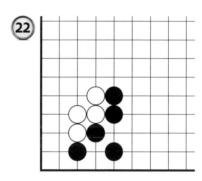

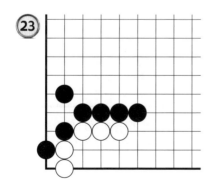

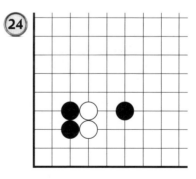

# 연습문제 19~24 정답

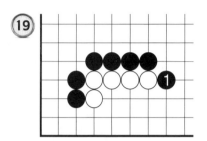

흑1이 백돌의 활로를 줄이는
가장 좋은 방법입니다.

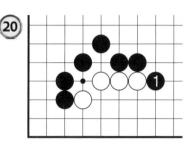

흑1이 백돌의 활로를 줄이는
가장 좋은 방법입니다.

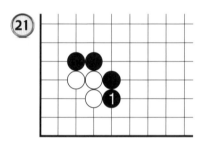

흑1이 백돌의 활로를 줄이는
가장 좋은 방법입니다.

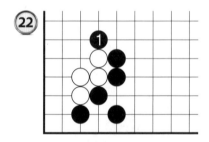

흑1이 백돌의 활로를 줄이는
가장 좋은 방법입니다.

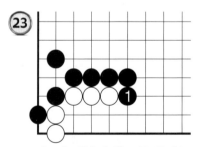

흑1이 백돌의 활로를 줄이는
가장 좋은 방법입니다.

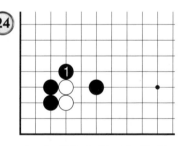

흑1이 백돌의 활로를 줄이는
가장 좋은 방법입니다.

백돌의 활로를 줄이고 있는 흑1 중에 올바른 수를 찾아 ○표 하세요.

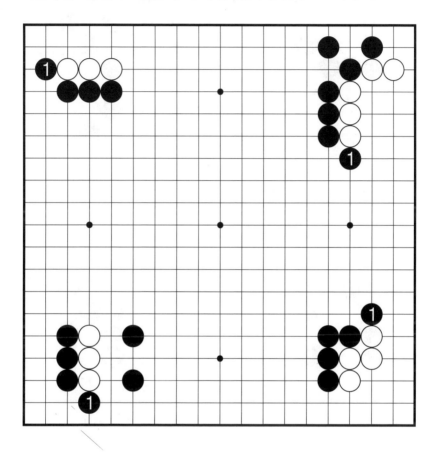

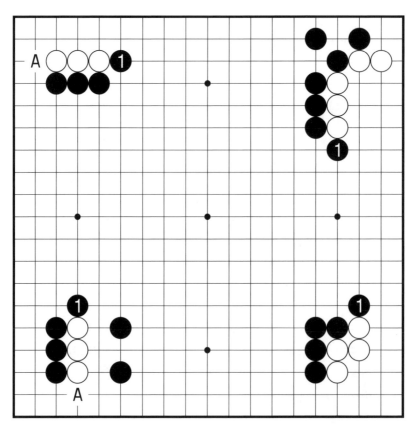

흑1이 백돌의 활로를 줄이는 좋은 수입니다. 좌상귀와 좌하귀 A의 곳은
잘못된 방향입니다.

# 연습문제 26

백돌의 활로를 줄이고 있는 흑1 중에 올바른 수를 찾아 O표 하세요.

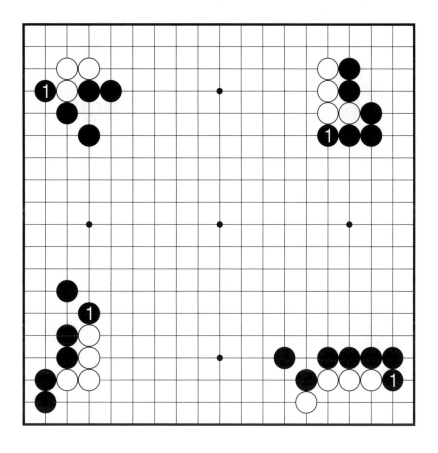

# 연습문제 26 정답

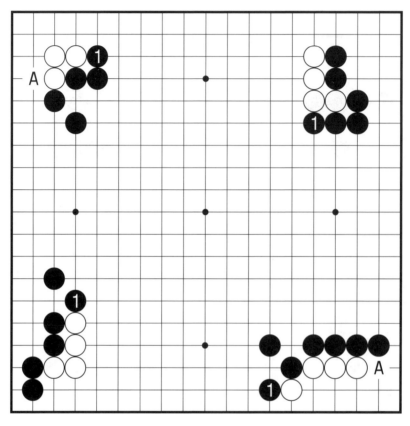

흑1이 백돌의 활로를 줄이는 좋은 수입니다. 좌상귀와 우하귀 A의 곳은
잘못된 방향입니다.

# 제**3**장 활로를 줄일 때 주의할 점

활로를 줄일 때 가장 주의해야 할 것은 자신의 약점을 돌보지 않고 무턱대고 공격해서는 안 된다는 것입니다. 이 장을 통해서는 활로를 줄일 때 주의할 점에 대해서 공부해 보겠습니다.

## 장면도

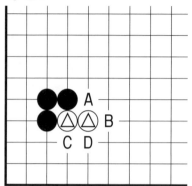

백△ 두점은 A~D까지 4개의 활로를 갖고 있습니다. 이 4개의 활로 중 흑이 절대 막아서는 안 될 곳이 있습니다. 그곳은 어디일까요?

## 1도(올바른 수)

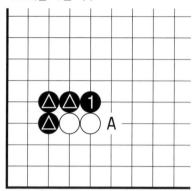

흑1은 좋은 수입니다. 흑1은 흑⚫ 석점과 튼튼하게 손을 맞잡고 백을 공격하고 있으므로 백에게 반격당할 위험이 없습니다.

## 2도(나쁜 수)

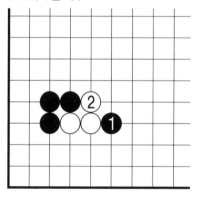

성급한 마음에 흑1로 막는 것은 매우 나쁜 수입니다. 백2로 뚫고 나가는 것이 좋은 수입니다.

## 3도(분단된 흑)

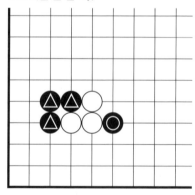

2도의 형태는 흑⚫ 석점과 흑⚫ 한점이 서로 손을 잡지 못하고 분단된 모습입니다. 흑은 공격을 하다가 도리어 큰 피해를 입었습니다.

## 익힘문제 1

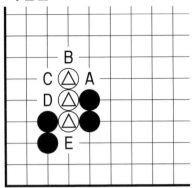

흑은 백⚪ 석점을 활로를 막아서 공격하고 싶습니다. 흑은 A~E 중 어느 곳의 활로를 최우선적으로 막아야 할까요?

## 1도(정답)

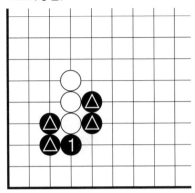

흑1로 두는 것이 정답입니다. 흑1로 인해 흑⬤ 넉점이 모두 손을 잡고 힘을 합쳐 백을 공격하고 있습니다.

## 2도(실패 1)

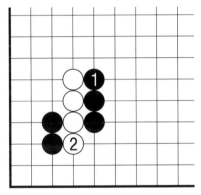

흑1로 공격하는 것은 매우 좋지 않습니다. 백2로 돌파당하는 순간 좌우 흑이 이산가족이 되고 말았습니다. 이 형태는 도리어 귀의 흑 두점이 공격받는 모습입니다.

## 3도(실패 2)

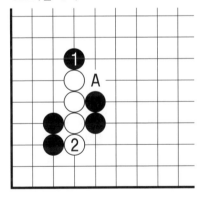

흑1로 공격하는 수 역시 좋지 않습니다. 백2로 돌파당하면 좌우 흑이 분단됩니다. 이후 백이 A에 두면 흑1마저 분단되므로 매우 불리해집니다.

## 익힘문제 2

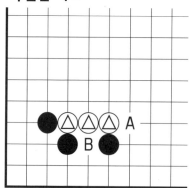

흑은 백△ 석점의 활로를 막아서
공격하고 싶습니다. 그렇다면 A와
B 중 어느 곳의 활로를 막아야 할
까요?

## 1도 (정답)

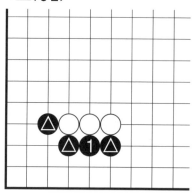

흑1로 두는 것이 정답입니다. 흑1
로 인해 흑● 돌들이 손에 손을 맞
잡고 힘을 모아 백을 공격할 수 있
습니다.

## 2도 (실패)

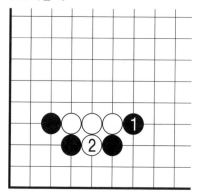

성급한 마음에 흑1로 막는 것은 매
우 나쁜 수입니다. 백2로 돌파하
면 좌우 흑은 손을 잡지 못하고 이
산가족이 됩니다.

## 3도 (2도의 계속)

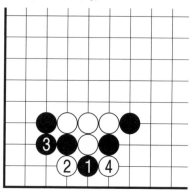

2도 이후 흑1로 막아서 연결을 시도
해도 백이 2·4로 단수치면 흑은 양
단수가 되고 말았습니다.

흑은 백의 활로를 막고 싶습니다. A와 B 중 어느 곳의 활로를 막아야 할까요?

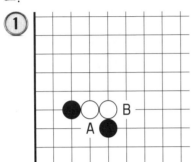

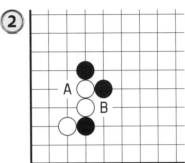

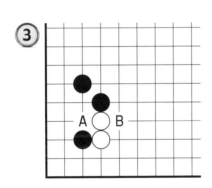

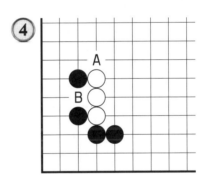

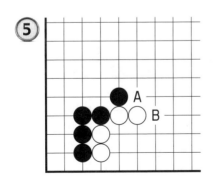

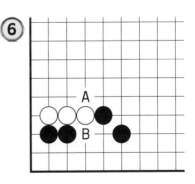

# 연습문제 1~6 정답

 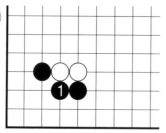

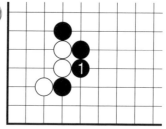

흑1로 두어야 흑돌이 모두
손을 잡고 백을 공격할 수 있
습니다.

흑1로 두어야 흑돌이 모두
손을 잡고 백을 공격할 수 있
습니다.

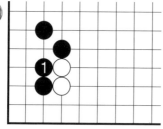

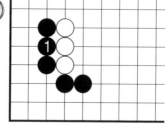

흑1로 두어야 흑돌이 모두
손을 잡고 백을 공격할 수 있
습니다.

흑1로 두어야 흑돌이 모두
손을 잡고 백을 공격할 수 있
습니다.

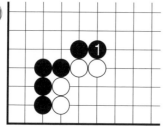

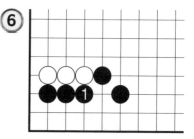

흑1로 두어야 흑돌이 모두
손을 잡고 백을 공격할 수 있
습니다.

흑1로 두어야 흑돌이 모두
손을 잡고 백을 공격할 수 있
습니다.

흑은 백의 활로를 막고 싶습니다. A와 B 중 어느 곳의 활로를 막아야 할까요?

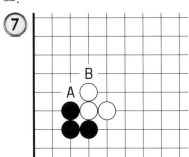

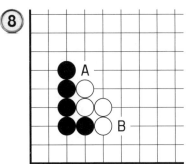

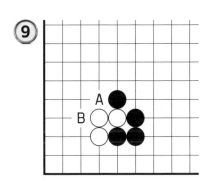

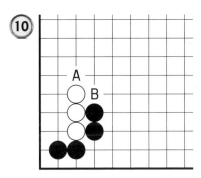

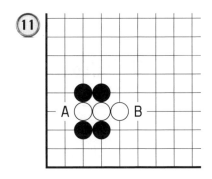

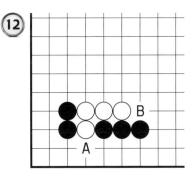

# 연습문제 7~12 정답

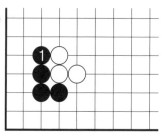

흑1로 두어야 흑돌이 모두 손을 잡고 백을 공격할 수 있습니다.

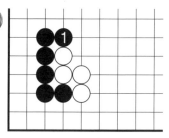

흑1로 두어야 흑돌이 모두 손을 잡고 백을 공격할 수 있습니다.

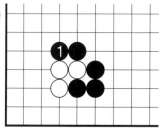

흑1로 두어야 흑돌이 모두 손을 잡고 백을 공격할 수 있습니다.

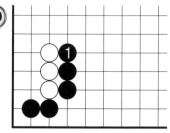

흑1로 두어야 흑돌이 모두 손을 잡고 백을 공격할 수 있습니다.

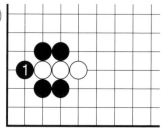

흑1로 두어야 흑돌이 모두 손을 잡고 백을 공격할 수 있습니다.

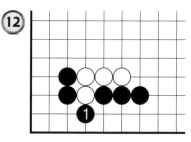

흑1로 두어야 흑돌이 모두 손을 잡고 백을 공격할 수 있습니다.

흑1이 백돌의 활로를 막는 수로 좋은 수이면·○표, 그렇지 않으면 ×표 하세요.

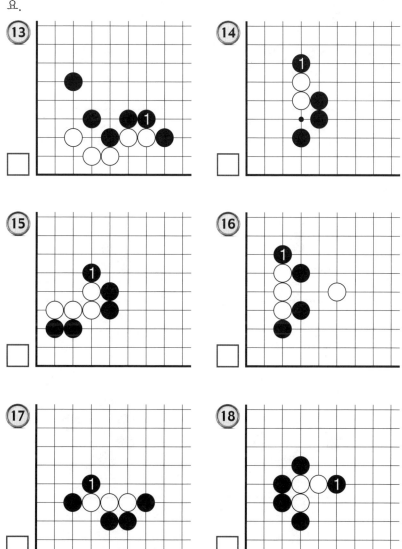

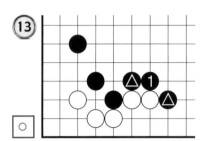

⑬ ○

흑1은 흑⬥ 돌과 손을 잡으면서 백을 공격하고 있으므로 잘 둔 수입니다.

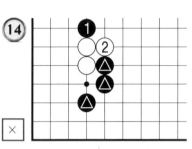

⑭ ✕

흑1은 백2로 두는 순간 흑⬥ 돌과 연결할 수 없으므로 나쁜 수입니다.

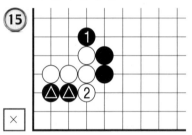

⑮ ✕

흑1은 백2로 두는 순간 흑⬥ 돌과 연결할 수 없으므로 나쁜 수입니다.

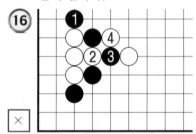

⑯ ✕

흑1은 백2로 돌파한 후 흑3 때 백4로 단수치면 양단수가 되므로 나쁜 수입니다.

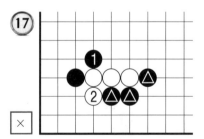

⑰ ✕

흑1은 백2로 두는 순간 흑⬥ 돌과 연결할 수 없으므로 나쁜 수입니다.

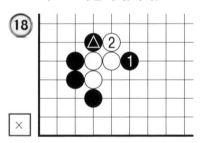

⑱ ✕

흑1은 백2로 두는 순간 흑⬥ 돌과 연결할 수 없으므로 나쁜 수입니다.

백1로 활로를 줄였을 때 흑2가 좋은 수이면 ○표, 그렇지 않으면 ×표 하세요.

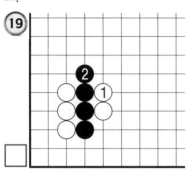

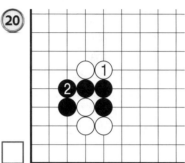

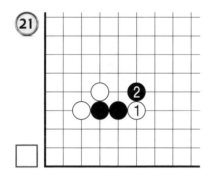

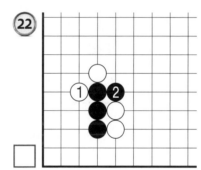

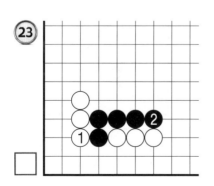

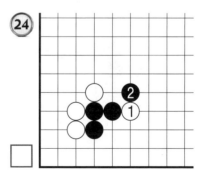

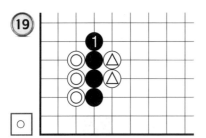

흑1은 백△ 돌과 백◎를 분단
시키고 있으므로 좋은 수입
니다.

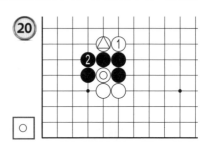

백1 때 흑2는 백△ 돌과 백◎
를 분단시키고 있으므로 좋
은 수입니다.

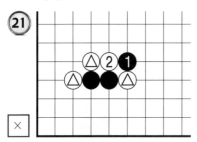

흑1은 백이 2로 두면 백△ 돌
들이 모두 손을 잡게 되므로
나쁜 수입니다.

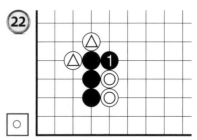

흑1은 백△ 돌과 백◎를 분단
시키고 있으므로 좋은 수입
니다.

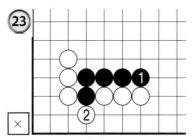

흑1은 백이 2로 두면 백돌들
이 모두 연결되므로 나쁜 수
입니다.

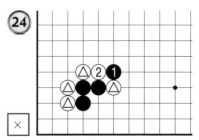

흑1은 백이 2로 두면 백△ 돌
들이 모두 손을 잡게 되므로
나쁜 수입니다.

# 연습문제 25~30

백△가 연결되지 못하도록 분단시키는 곳을 어디일까요?

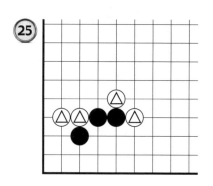

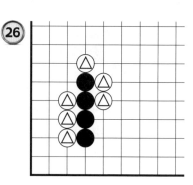

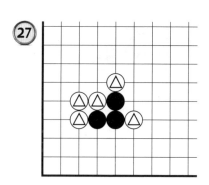

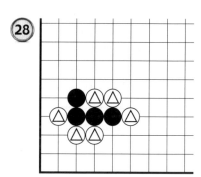

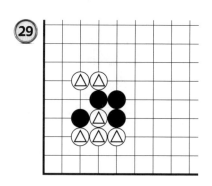

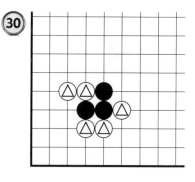

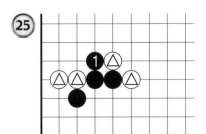

흑1로 두어야 백△를 분단시
킬 수 있습니다.

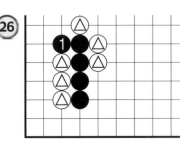

흑1로 두어야 백△를 분단시
킬 수 있습니다.

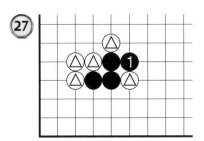

흑1로 두어야 백△를 분단시
킬 수 있습니다.

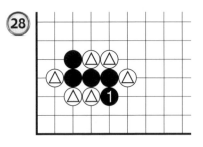

흑1로 두어야 백△를 분단시
킬 수 있습니다.

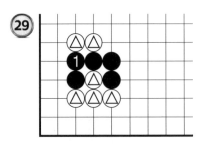

흑1로 두어야 백△를 분단시
킬 수 있습니다.

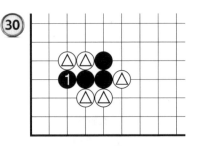

흑1로 두어야 백△를 분단시
킬 수 있습니다.

백△가 연결되지 못하도록 분단시키는 곳을 어디일까요?

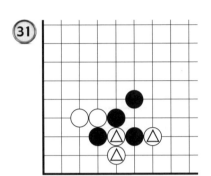

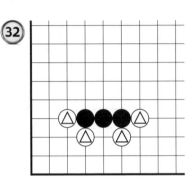

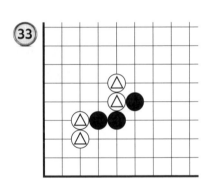

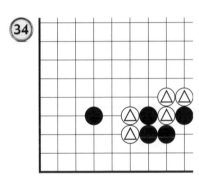

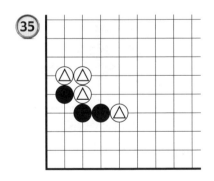

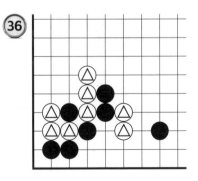

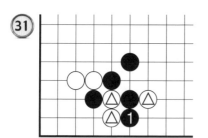

(31)

흑1로 두어야 백△를 분단시
킬 수 있습니다.

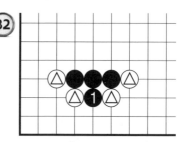

(32)

흑1로 두어야 백△를 분단시
킬 수 있습니다.

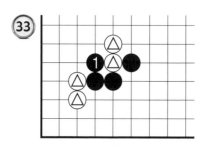

(33)

흑1로 두어야 백△를 분단시
킬 수 있습니다.

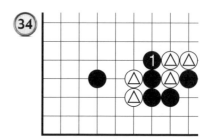

(34)

흑1로 두어야 백△를 분단시
킬 수 있습니다.

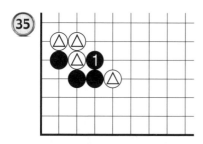

(35)

흑1로 두어야 백△를 분단시
킬 수 있습니다.

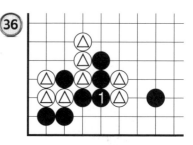

(36)

흑1로 두어야 백△를 분단시
킬 수 있습니다.

# 제 **4** 장 활로를 늘리는 방법

상대방을 공격할 때 활로를 줄이는 방법이 중요하다면 자
신이 공격받을 때 활로를 늘리는 방법을 아는 것 또한 매우
중요합니다. 이 장을 통해서는 자신의 활로를 늘리는 방법
을 공부해 보도록 하겠습니다.

## 장면도 1

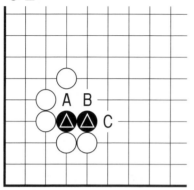

흑❷ 두점이 공격받고 있는 형태입니다. 흑은 A, B, C 중 어느 곳에 두어 활로를 넓혀야 할까요?

## 1도(올바른 방향)

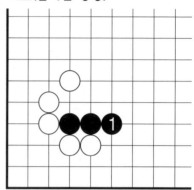

흑1로 뻗는 것이 올바른 방향입니다. 흑은 1처럼 드넓은 중앙쪽에 두어 활로를 넓히는 것이 좋습니다. 흑의 활로는 3개에서 5개로 늘어났습니다.

## 2도(자충수)

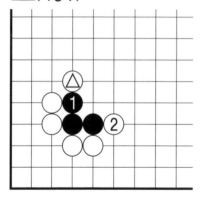

흑1은 백△가 진로를 막고 있기 때문에 나쁜 수입니다. 흑1은 3개였던 활로를 2개로 만드는 자충수입니다. 백2로 단수치면 흑은 살 길이 없습니다.

## 3도(나쁜 수)

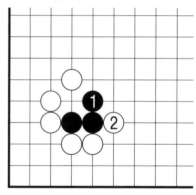

흑1로 두는 것 역시 좋은 수가 아닙니다. 흑1로 두면 3개였던 활로가 1개 더 늘었을 뿐입니다.

## 장면도 2

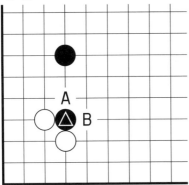

흑● 한점의 활로를 늘려서 안정을 취하고 싶은 장면입니다. 흑은 A와 B 중 어느 곳으로 두어야 확실하게 안정할 수 있을까요?

## 1도(올바른 방향)

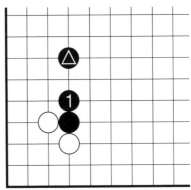

흑1로 두는 것이 올바른 방향입니다. 흑●에 우리편 응원군이 있으므로 도와달라고 요청해야 합니다.

## 2도(자충수)

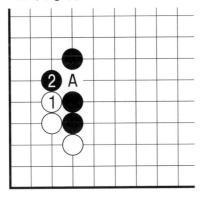

1도 이후 백1로 두면 흑은 2로 막을 수 있습니다. 백은 A의 곳으로 끊고 싶어도 호구 모양이라 끊을 수 없습니다.

## 3도(잘못된 방향)

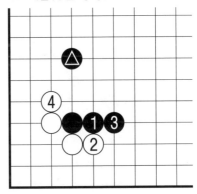

흑1로 두는 것은 흑● 한점과 확실하게 손을 잡을 수 없으므로 좋지 않습니다. 백2로 둔 후 흑3 때 백4로 뻗으면 흑은 연결이 불확실합니다.

## 익힘문제

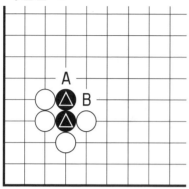

흑● 두점의 활로를 넓혀서 보강
하고 싶습니다. 흑은 A와 B 중 어
느 곳에 두어야 할까요?

## 1도(정답)

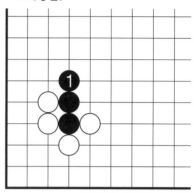

흑1로 뻗는 것이 정답입니다. 흑은
드넓은 중앙쪽으로 활로를 넓혀야
백의 공격권에서 벗어날 수 있습
니다. 흑은 활로가 4개로 늘어났
습니다.

## 2도(실패)

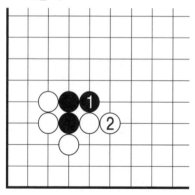

흑1은 잘못된 보강 방법입니다. 백
은 2로 뻗어서 단수되는 약점을
보강해서 충분합니다.

## 3도(활로의 개수)

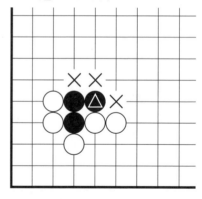

장면도에서 흑●로 보강한 흑의 활
로는 ×로 표시한 3개뿐입니다. 1도
와 비교할 때 흑은 활로가 1개 더 적
습니다.

흑은 활로를 넓혀서 안정하고 싶습니다. A와 B 중 어느 곳에 두어야 할까요?

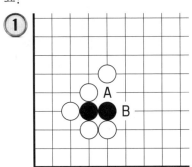

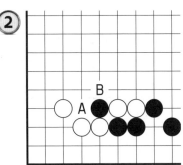

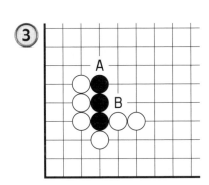

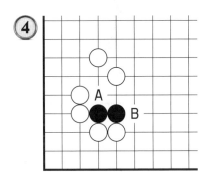

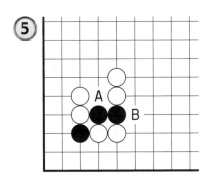

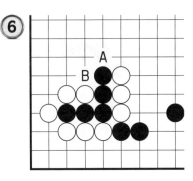

# 연습문제 1~6 정답

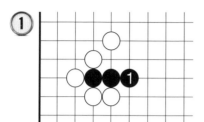

흑1로 두는 것이 흑돌의 활로를 가장 잘 늘리는 방법입니다.

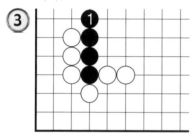

흑1로 두는 것이 흑돌의 활로를 가장 잘 늘리는 방법입니다.

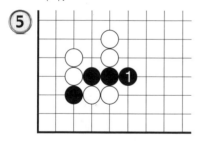

흑1로 두는 것이 흑돌의 활로를 가장 잘 늘리는 방법입니다.

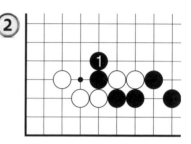

흑1로 두는 것이 흑돌의 활로를 가장 잘 늘리는 방법입니다.

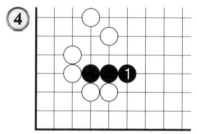

흑1로 두는 것이 흑돌의 활로를 가장 잘 늘리는 방법입니다.

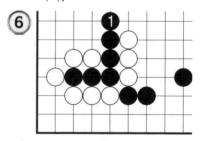

흑1로 두는 것이 흑돌의 활로를 가장 잘 늘리는 방법입니다.

흑은 활로를 넓혀서 안정하고 싶습니다. A와 B 중 어느 곳에 두어야 할까요?

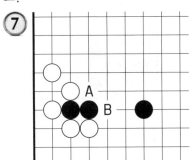

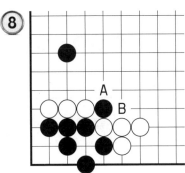

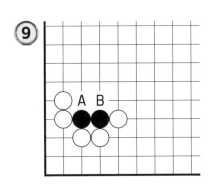

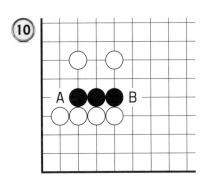

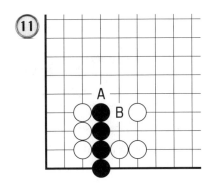

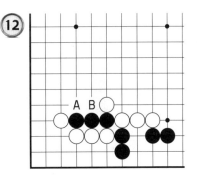

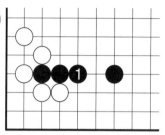

흑1로 두는 것이 흑돌의 활
로를 가장 잘 늘리는 방법입
니다.

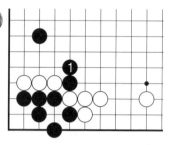

흑1로 두는 것이 흑돌의 활
로를 가장 잘 늘리는 방법입
니다.

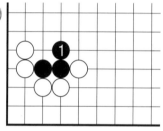

흑1로 두는 것이 흑돌의 활
로를 가장 잘 늘리는 방법입
니다.

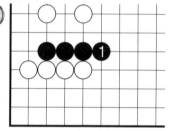

흑1로 두는 것이 흑돌의 활
로를 가장 잘 늘리는 방법입
니다.

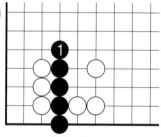

흑1로 두는 것이 흑돌의 활
로를 가장 잘 늘리는 방법입
니다.

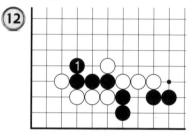

흑1로 두는 것이 흑돌의 활
로를 가장 잘 늘리는 방법입
니다.

흑1로 둔 수가 활로를 잘 넓히고 있으면 ○표, 그렇지 않으면 ×표 하세요.

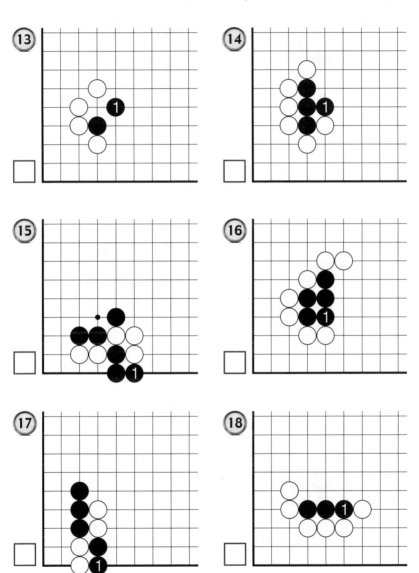

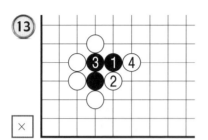

흑1로 두는 것은 백2·4로 단수치면 축이 되므로 좋지 않습니다.

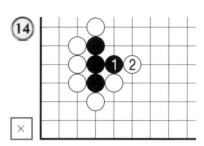

흑1로 두는 것은 백2로 두면 단수가 되므로 좋지 않습니다.

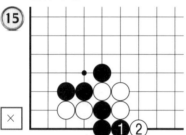

흑1로 두는 것은 백2로 단수치면 더 크게 잡히므로 좋지 않습니다.

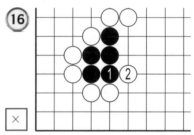

흑1로 두는 것은 스스로 활로를 줄이는 수입니다. 백2로 젖히면 흑이 잡힙니다.

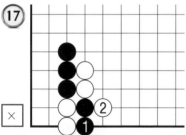

흑1로 두는 것은 백2로 단수치면 더 크게 잡히므로 좋지 않습니다.

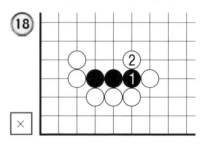

흑1로 두는 것은 스스로 활로를 줄이는 수입니다. 백2로 젖히면 흑이 잡힙니다.

# 연습문제 19

흑⬣ 돌의 활로를 넓히려면 어느 곳에 두는 것이 가장 좋을까요?

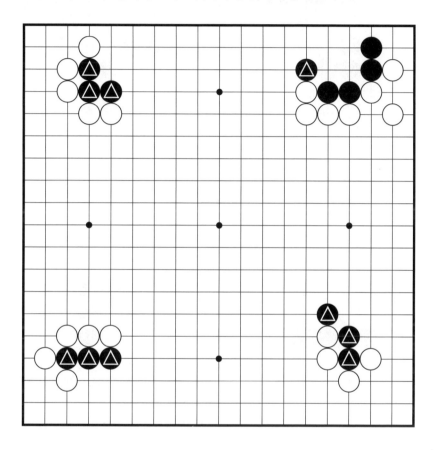

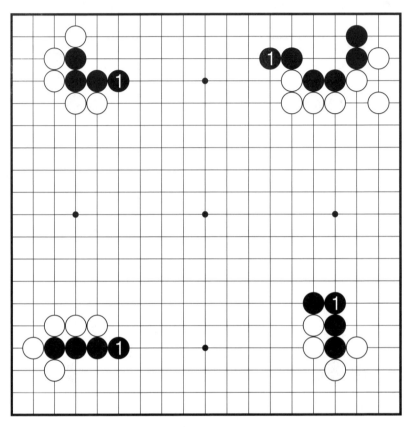

흑1로 두는 것이 각각의 흑돌의 활로를 가장 적절하게 넓히는 수입니다.

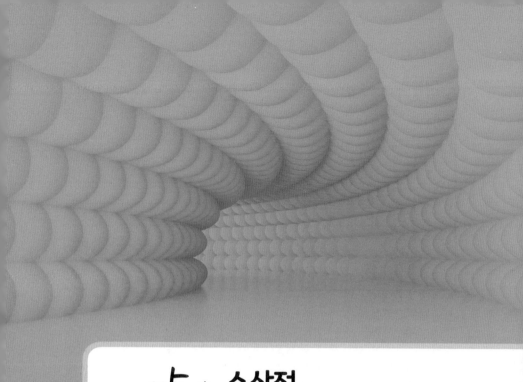

# 제 5 장 수상전

수상전은 서로가 서로를 에워쌌을 때 잡느냐 잡히느냐를
결정짓는 중요한 싸움입니다. 이 장을 통해서는 수상전의
기본 요령을 공부하도록 하겠습니다.

## 장면도 1

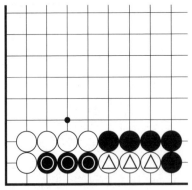

흑은 백△ 석점을 공격하고 있고 백은 흑● 석점을 공격하고 있는 형태입니다. 이처럼 서로가 서로를 공격하고 있는 형태를 가리켜 수상전이라고 합니다.

## 1도(활로가 같을 때)

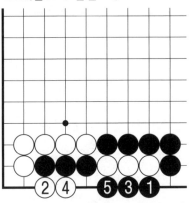

흑과 백 모두 활로가 3개씩 똑같은 이 경우에는 먼저 두는 쪽이 상대방 돌을 잡을 수 있습니다. 흑이 먼저 두면 흑5까지 백을 잡을 수 있습니다.

## 2도(백의 승리)

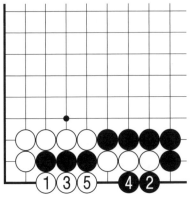

백이 먼저 둔다면 1로 젖힌 후 5까지 흑을 잡을 수 있습니다.

## 3도(흑, 죽음)

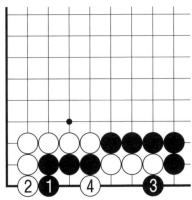

흑1은 매우 나쁜 수입니다. 흑1로 두어도 흑의 활로는 3개뿐이므로 백2·4로 공격하면 흑이 먼저 잡힙니다.

## 장면도 2

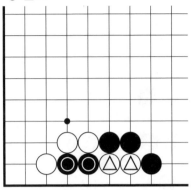

흑은 백△ 두점을 공격하고 있고 백은 흑◉ 두점을 공격하고 있습니다. 활로의 개수가 각각 2개씩이므로 흑이 먼저 두면 백을 잡을 수 있습니다.

## 1도(흑의 승리)

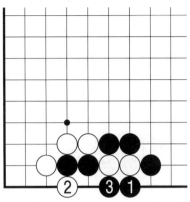

흑이 둔다면 1로 단수치는 것이 좋습니다. 백2로 둔다면 흑3으로 백 두점을 따낼 수 있습니다.

## 2도(백의 승리)

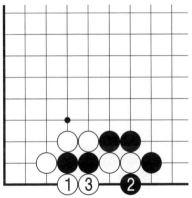

흑이 손을 빼면 백1로 단수쳐서 흑 두점이 먼저 잡힙니다.

## 3도(흑의 실수)

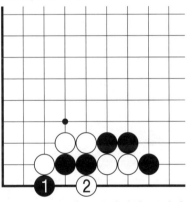

흑1로 두는 것은 수상전과 무관한 수입니다. 백2로 단수치면 흑이 먼저 잡혀 버립니다.

## 장면도 3

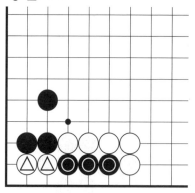

백△ 두점과 흑◉ 석점이 수상전을 벌이고 있습니다. 활로의 개수가 똑같으므로 흑이 먼저 두면 백을 잡을 수 있습니다. 흑은 어떤 방법으로 백을 공격해야 할까요?

## 1도(흑의 승리)

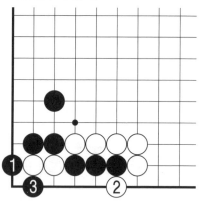

흑1로 젖혀서 활로를 줄여야 합니다. 백2로 활로를 줄인다면 흑3으로 단수쳐서 백을 잡을 수 있습니다.

## 2도(백의 승리)

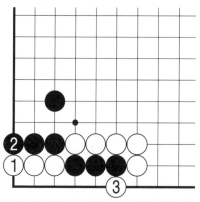

백이 먼저 둔다면 1로 내려서 활로를 최대한 넓히는 것이 좋습니다. 흑2로 막는다면 활로의 개수가 똑같아졌으므로 백3으로 젖혀서 흑을 공격해야 합니다.

## 3도(실패)

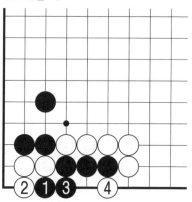

흑1로 젖히는 것은 잘못된 수상전의 요령입니다. 백2로 단수쳤을 때 흑3으로 이으면 백4로 단수쳐서 흑이 먼저 잡힙니다.

흑▲와 백◎가 수상전을 벌이고 있습니다. 흑이 수상전을 승리로 이끌려면 어느 곳에 두어야 할까요?

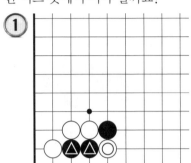

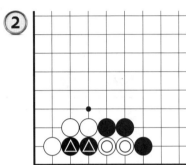

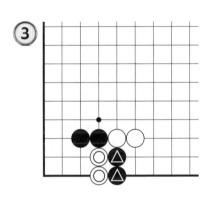

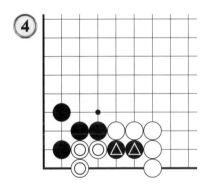

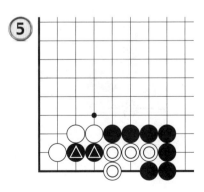

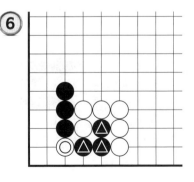

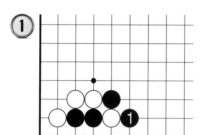

① 흑1로 활로를 줄이면 흑이 수상전에서 이길 수 있습니다.

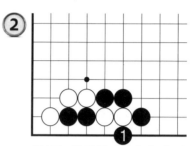

④ 흑1로 활로를 줄이면 백2, 흑 3까지 흑이 수상전에서 이길 수 있습니다.

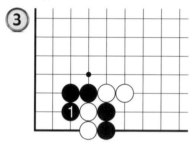

② 흑1로 활로를 줄이면 흑이 수상전에서 이길 수 있습니다.

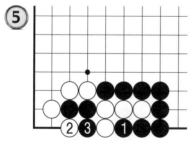

③ 흑1로 활로를 줄이면 흑이 수상전에서 이길 수 있습니다.

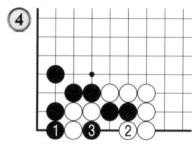

⑤ 흑1로 활로를 줄이면 백2, 흑 3까지 흑이 수상전에서 이길 수 있습니다.

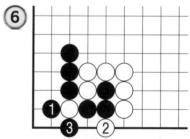

⑥ 흑1로 활로를 줄이면 백2, 흑 3까지 흑이 수상전에서 이길 수 있습니다.

흑과 백이 수상전을 벌이고 있습니다. 흑이 수상전을 승리로 이끌려면 어느 곳에 두어야 할까요?

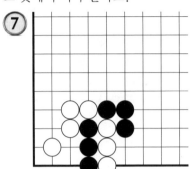

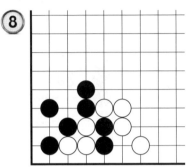

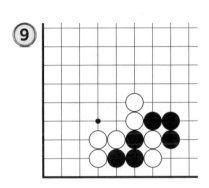

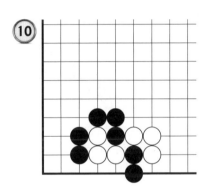

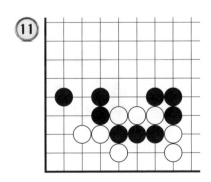

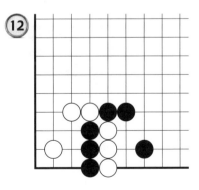

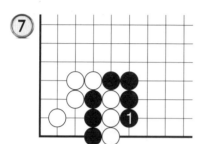

흑1로 활로를 줄이면 흑이 수상전에서 이길 수 있습니다.

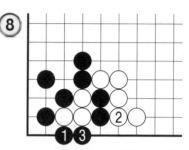

흑1로 활로를 줄이면 백2, 흑3까지 흑이 수상전에서 이길 수 있습니다.

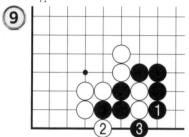

흑1로 활로를 줄이면 백2, 흑3까지 흑이 수상전에서 이길 수 있습니다.

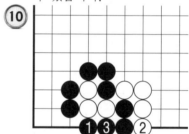

흑1로 활로를 줄이면 백2, 흑3까지 흑이 수상전에서 이길 수 있습니다.

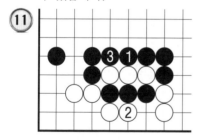

흑1로 활로를 줄이면 백2, 흑3까지 흑이 수상전에서 이길 수 있습니다.

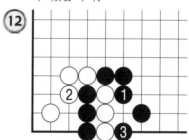

흑1로 활로를 줄이면 백2, 흑3까지 흑이 수상전에서 이길 수 있습니다.

# 연습문제 13

흑●와 백◎가 수상전을 벌이고 있습니다. 흑이 수상전을 승리로 이끌려면 각각 어느 곳에 두어야 할까요? (1수 표시)

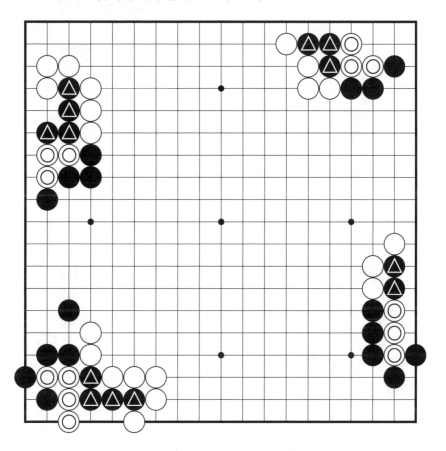

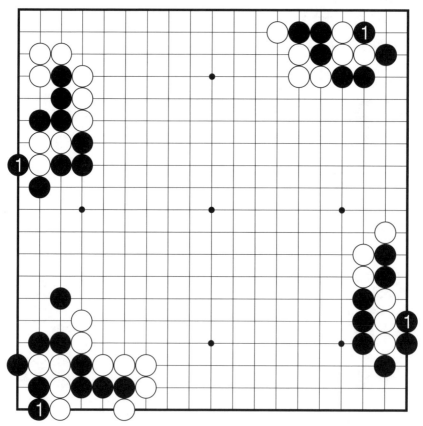

흑1로 활로를 줄이면 흑이 수상전에서 이길 수 있습니다.

# 연습문제 14

흑▲와 백◎가 수상전을 벌이고 있습니다. 흑이 수상전을 승리로 이끌려면 각각 어느 곳에 두어야 할까요? (1수 표시)

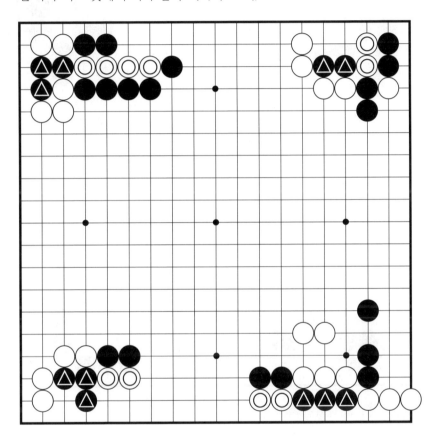

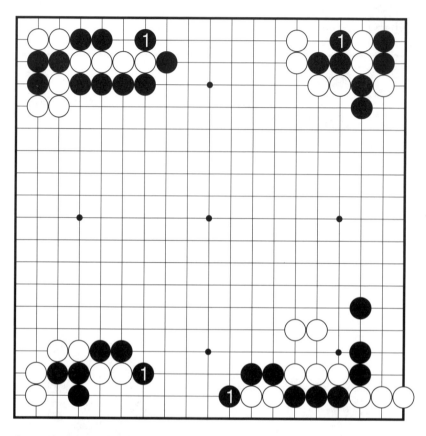

흑1로 활로를 줄이면 흑이 수상전에서 이길 수 있습니다.

# 제6장 활로의 개수 계산하기

수상전에서 승리하기 위해서는 활로의 개수를 정확하게 계산할 수 있는 능력을 키워야 합니다. 이 장을 통해서는 여러 가지 형태에서 돌의 활로를 계산하는 방법을 알아보도록 하겠습니다.

## 장면도 1

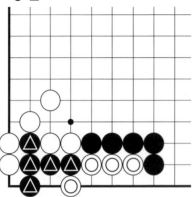

흑● 다섯점과 백◎ 넉점이 수상전을 벌이고 있습니다. 얼핏 보기에는 흑● 다섯점의 활로가 2개이고 백◎ 넉점은 활로가 3개라 흑이 먼저 잡힐 것 같지만 그렇지가 않습니다.

## 1도(백의 자충수 1)

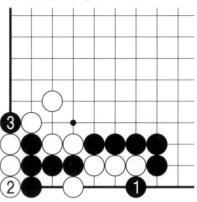

흑1로 활로를 메웠을 때 백은 곧장 2로 단수칠 수가 없습니다. 흑3으로 두면 백이 먼저 잡히기 때문입니다.

## 2도(백의 자충수 2)

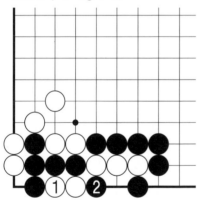

그렇다고 백1로 활로를 메울 수도 없습니다. 흑2로 두는 순간 백 두점이 먼저 잡히기 때문입니다.

## 3도(흑은 3수)

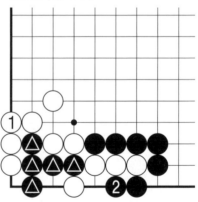

백은 흑의 활로를 줄이기 위해서는 결국 1로 잇고서 둘 수밖에 없습니다. 결국 장면도에서 흑● 다섯점은 백이 곧장 메울 수 없으므로 3수라는 결론입니다.

## 장면도 2

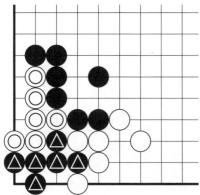

흑● 여섯점과 백◎ 여섯점이 수
상전을 벌이고 있습니다. 흑과 백
의 활로가 각각 몇 개인지 알아본
후 흑이 먼저 두었을 때 수상전의
결과를 살펴보겠습니다.

## 1도(백은 3수)

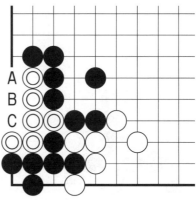

백◎ 여섯점의 활로는 A~C까지
모두 3개이므로 3수입니다.

## 2도(흑도 3수)

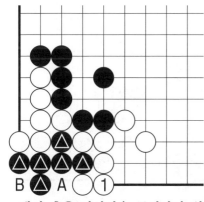

백이 흑● 여섯점을 공격하기 위
해선 1로 잇고 두어야 합니다. 백1
로 잇고 나면 이후 백이 활로를 메
우는 데 장애가 없습니다. 결국 흑
● 여섯점은 3수라는 결론입니다.

## 3도(흑의 승리)

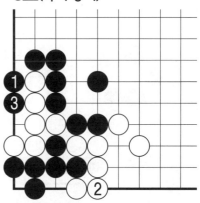

흑과 백이 모두 3수씩 똑같으므로
흑은 1로 젖혀서 수상전을 승리로
이끌 수 있습니다.

## 장면도 3

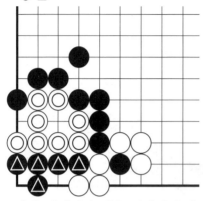

흑▲ 다섯점과 백◎ 여덟점이 수상전을 벌이고 있습니다. 흑과 백의 활로가 각각 몇 개인지 알아보고 흑이 먼저 두었을 때 수상전의 결과를 살펴보도록 하겠습니다.

## 1도(백은 3수)

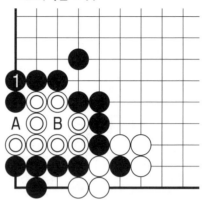

흑이 백◎를 공격하기 위해선 1로 잇고 두어야 합니다. 흑1로 이으면 이후 흑은 A와 B에 둘 수 있습니다. 결국 백◎ 여덟점의 활로는 3개라는 결론입니다.

## 2도(흑도 3수)

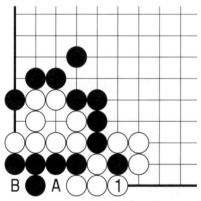

백도 흑을 공격하기 위해선 1로 따내고 두어야 합니다. 백1로 따내고 난 후에야 A에 단수친 후 B에 둘 수 있으므로 흑돌의 활로 역시 3개라는 결론입니다.

## 3도(흑의 승리)

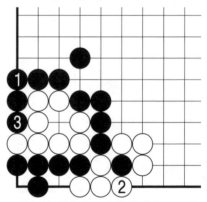

활로의 개수가 3개씩 똑같으므로 흑이 먼저 두면 흑3까지 수상전을 승리로 이끌 수 있습니다.

백이 흑♠ 돌을 잡기 위해선 모두 몇 개의 돌이 필요할까요?

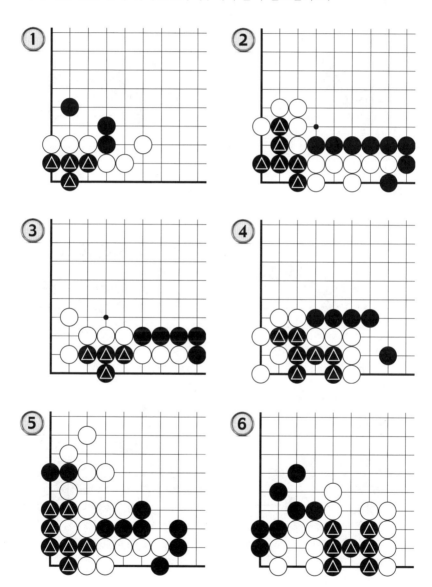

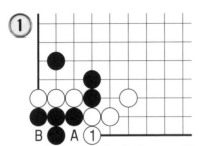

백1로 보강한 후에 A, B에
둘 수 있으므로 흑은 3수입
니다.

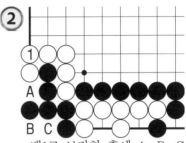

백1로 보강한 후에 A, B, C
에 둘 수 있으므로 흑은 4수
입니다.

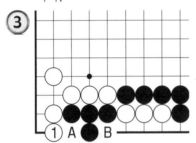

백1로 보강한 후에 A, B에
둘 수 있으므로 흑은 3수입
니다.

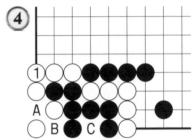

백1과 A에 보강한 후에 B, C
에 둘 수 있으므로 흑은 4수
입니다.

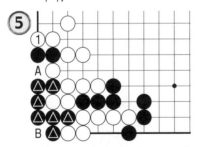

백1로 보강한 후에 A, B에
둘 수 있으므로 흑은 3수입
니다.

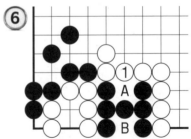

백1로 보강한 후에 A, B에
둘 수 있으므로 흑은 3수입
니다.

백이 흑● 돌을 잡기 위해선 모두 몇 개의 돌이 필요할까요?

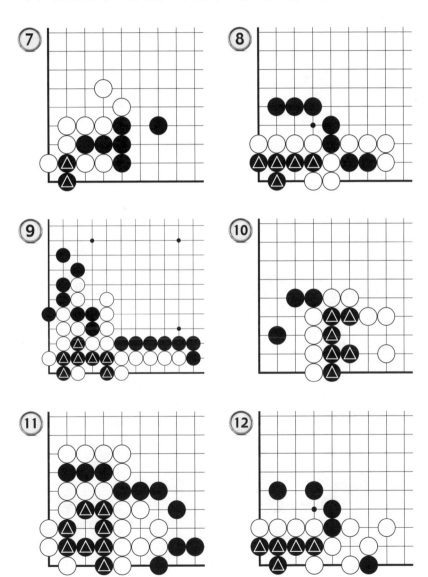

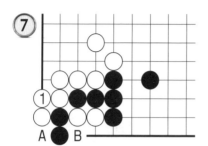

백1로 보강한 후에 A, B에 둘 수 있으므로 흑은 3수입니다.

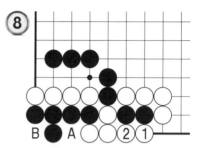

백1과 2에 보강한 후에 A, B에 둘 수 있으므로 흑은 4수입니다.

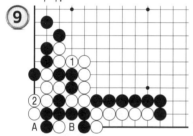

백1과 2에 보강한 후에 A, B에 둘 수 있으므로 흑은 4수입니다.

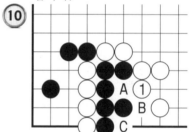

백1로 보강한 후에 A, B, C에 둘 수 있으므로 흑은 4수입니다.

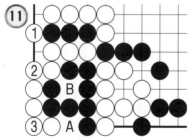

백1~3까지 보강한 후에 A, B에 둘 수 있으므로 흑은 5수입니다.

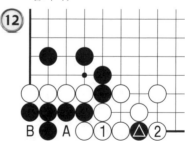

흑▲ 때문에 백1과 2에 보강한 후에 A, B에 둘 수 있으므로 흑은 4수입니다.

흑이 수상전에서 승리할 수 있으면 ○표, 그렇지 않으면 ×표 하세요.

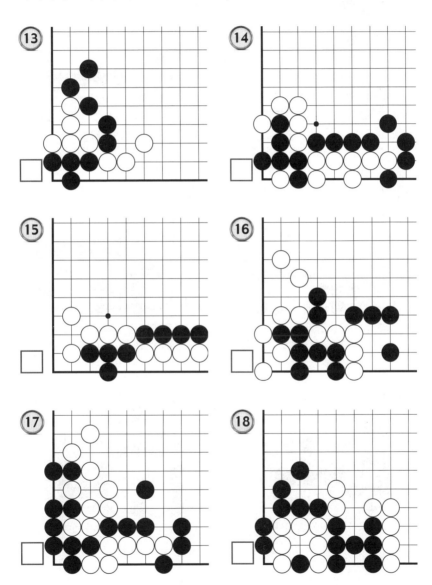

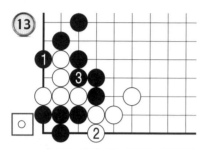

흑1로 젖힌 후 3으로 공격하면 수상전에서 승리할 수 있습니다.

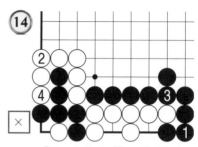

흑1·3으로 활로를 줄여도 백4까지 흑이 한수 늦은 수상전입니다.

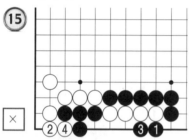

흑1·3으로 활로를 줄여도 백4까지 흑이 한수 늦은 수상전입니다.

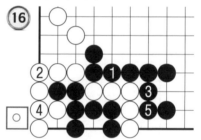

흑1로 젖힌 후 3·5로 공격하면 수상전에서 승리할 수 있습니다.

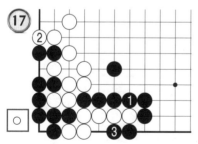

흑1·3으로 공격하면 수상전에서 승리할 수 있습니다.

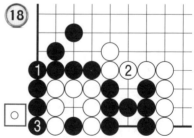

흑1·3으로 공격하면 수상전에서 승리할 수 있습니다.

흑이 수상전에서 승리할 수 있으면 ○표, 그렇지 않으면 ×표 하세요.

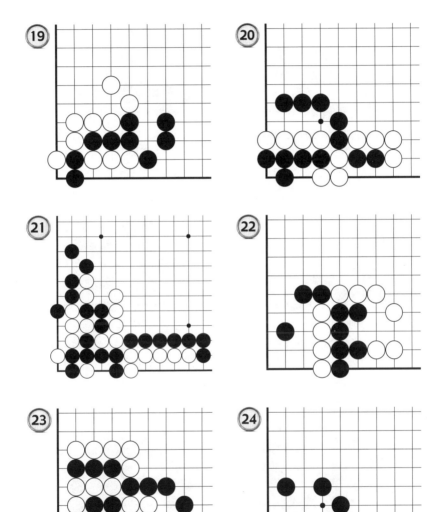

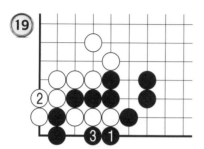

흑1 때 백은 2에 두고 수를 메워야 하므로 흑3까지 수상전에서 승리할 수 있습니다.

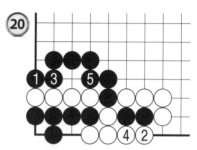

흑1·3 때 백은 2·4에 두고 수를 메워야 하므로 흑5까지 수상전에서 승리할 수 있습니다.

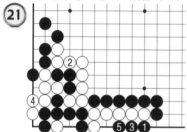

흑1·3 때 백은 2·4에 두고 수를 메워야 하므로 흑5까지 수상전에서 승리할 수 있습니다.

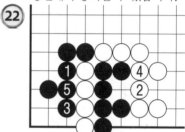

흑1 때 백은 2에 두고 수를 메워야 하므로 흑5까지 수상전에서 승리할 수 있습니다.

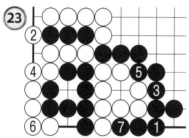

흑1·3·5 때 백은 2·4·6에 두고 수를 메워야 하므로 흑7까지 수상전에서 승리할 수 있습니다.

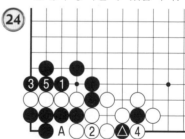

흑1·3 때 백은 흑⬤ 때문에 A에 들어올 수 없습니다. 결국 백2·4에 두고 수를 메워야 하므로 흑5까지 흑의 승리입니다.

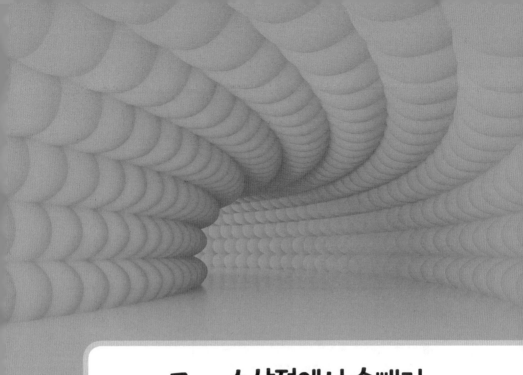

# 제 7 장  수상전에서 손빼기

수상전에서 손을 빼도 상대방 돌을 잡을 수 있는 경우가 있습니다. 이 때는 과감하게 손을 빼서 다른 큰 곳에 손을 돌려야 합니다. 이 장을 통해서는 수상전에서 어떤 경우에 손을 빼야 하는지 살펴보도록 하겠습니다.

## 장면도

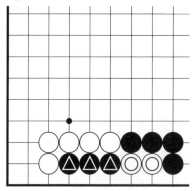

흑● 석점과 백◎ 두점이 수상전을 벌이고 있습니다. 그런데 자세히 살펴보면 흑● 석점은 3개의 활로를 갖고 있고 백◎ 두점은 2개의 활로뿐입니다. 이 경우 수상전을 알아보겠습니다.

## 1도(불필요한 수)

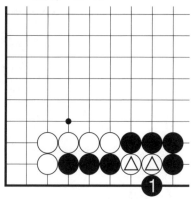

물론 흑1로 단수치면 백△ 두점을 잡을 수 있습니다. 그러나 이 경우 흑1로 두지 않더라도 백△ 두점은 잡힌 돌입니다.

## 2도(흑의 승리)

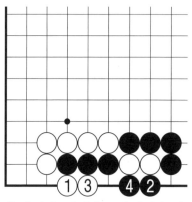

흑이 손을 빼더라도 수상전은 흑의 승리입니다. 백이 1로 두면 이제는 활로의 개수가 똑같아졌으므로 흑2로 둡니다. 백3, 흑4까지 수상전은 흑승입니다.

## 3도(흑의 손뺌)

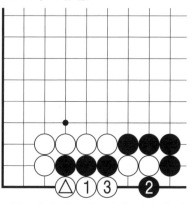

백△ 때 흑이 손을 빼면 이번엔 백1로 단수쳐서 흑이 먼저 잡힙니다.

## 익힘문제 1

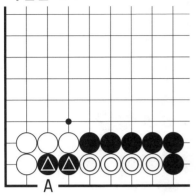

흑● 두점과 백◎ 넉점이 수상전을 벌이고 있습니다. 흑● 두점은 백이 A에 둘 경우 당장 단수가 됩니다. 이 경우 흑은 어떻게 두어야 할까요?

## 1도 (불필요한 수)

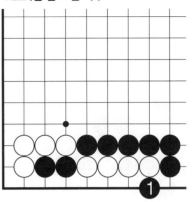

활로가 2개나 부족하므로 흑은 수상전에서 승리할 수 없습니다. 흑1로 젖혀도 흑은 활로가 1개 부족합니다. 백은 응수할 필요가 없으므로 손을 빼서 다른 곳에 둘 것입니다.

## 2도 (백의 승리)

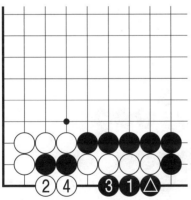

흑● 때 백이 손을 빼면 흑은 큰 손해를 봅니다. 재차 흑1로 수를 메워도 백2 · 4까지 흑이 먼저 잡히기 때문입니다. 결국 흑●가 쓸모없는 수가 되었습니다.

## 3도 (백의 실수)

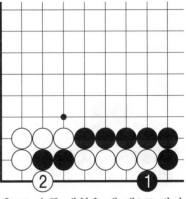

흑1로 수를 메웠을 때 백2로 받아주는 것은 나쁜 수입니다. 흑은 재빨리 포기하고 다른 곳에 손을 돌리는 것이 현명한 판단입니다.

## 익힘문제 2

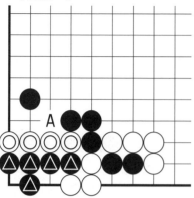

흑⬤ 다섯점과 백◎ 넉점이 수상전을 벌이고 있습니다. 흑은 A에 두지 않고서도 백을 잡을 수 있을까요?

## 1도(백은 3수)

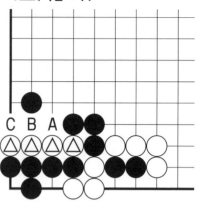

백△ 넉점은 A~C까지 3개의 활로를 갖고 있습니다.

## 2도(흑은 4수)

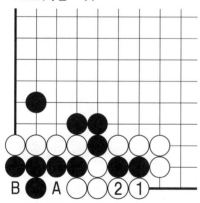

백이 흑을 공격하기 위해선 백1과 2를 둔 후에 A, B에 두어야 합니다. 결국 백이 흑을 공격하기 위해선 4수가 필요하다는 결론입니다.

## 3도(흑, 손뺌)

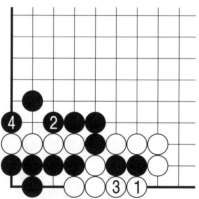

흑은 1수의 여유가 있으므로 손을 빼도 백을 잡을 수 있습니다. 백1로 수를 메운다면 그때 흑2 · 4로 수를 줄여서 승리할 수 있습니다.

흑▲와 백◎가 수상전을 벌이고 있습니다. 흑1이 잘 둔 수이면 ○표, 그렇지 않으면 ×표 하세요.

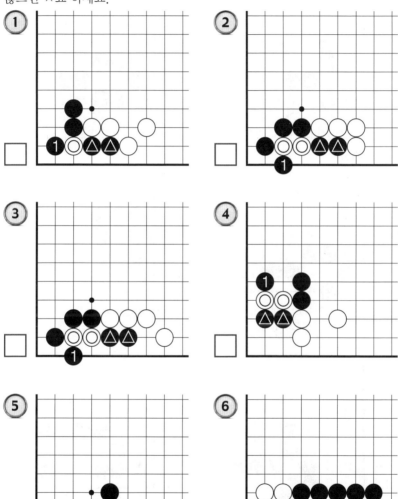

# 연습문제 1~6 정답

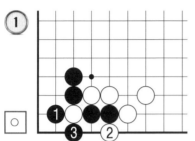

활로의 개수가 똑같으므로 흑1로 가일수해서 백을 잡아야 합니다.

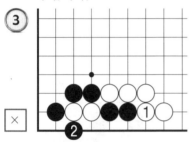

활로의 개수가 똑같으므로 흑1로 가일수해서 백을 잡아야 합니다.

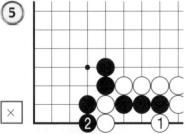

활로의 개수가 1개 여유가 있으므로 흑은 손을 빼도 됩니다. 백1이면 흑2로 흑의 승리.

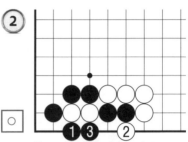

활로의 개수가 똑같으므로 흑1로 가일수해서 흑5까지 백을 잡아야 합니다.

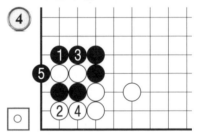

활로의 개수가 1개 여유가 있으므로 흑은 손을 빼도 됩니다. 백1이면 흑2로 흑의 승리.

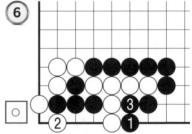

활로의 개수가 똑같으므로 흑1로 가일수해서 백을 잡아야 합니다.

흑▲와 백◎가 수상전을 벌이고 있습니다. 흑1이 잘 둔 수이면 ○표, 그렇지 않으면 ×표 하세요.

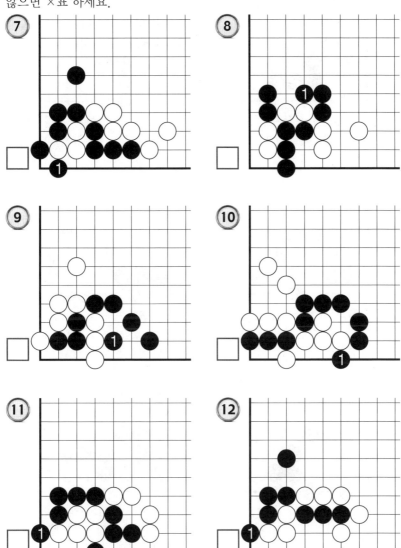

⑦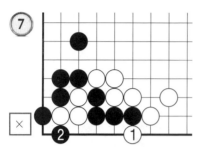

활로가 1개 여유가 있으므로
흑은 손을 빼도 됩니다. 백1
이면 흑2로 흑의 승리입니다.

⑧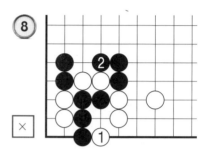

활로가 1개 여유가 있으므로
흑은 손을 빼도 됩니다. 백1
이면 흑2로 흑의 승리입니다.

⑨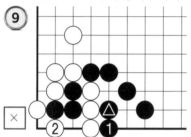

흑▲로 두어도 백은 손을 뺄
수 있습니다. 흑1 때 백2로
단수치면 백의 승리입니다.

⑩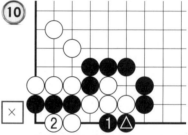

흑▲로 두어도 백은 손을 뺄
수 있습니다. 흑1 때 백2로
단수치면 백의 승리입니다.

⑪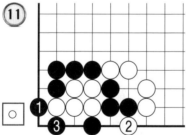

활로의 개수가 똑같으므로
흑1로 가일수해서 백을 잡아
야 합니다.

⑫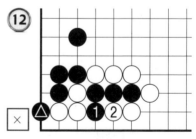

흑▲로 두어도 백은 손을 뺄
수 있습니다. 흑1 때 백2로
단수치면 백의 승리입니다.

흑▲와 백◎가 수상전을 벌이고 있습니다. 흑이 손을 빼도 백을 잡을 수 있으면 ○표, 그렇지 않으면 ×표 하세요.

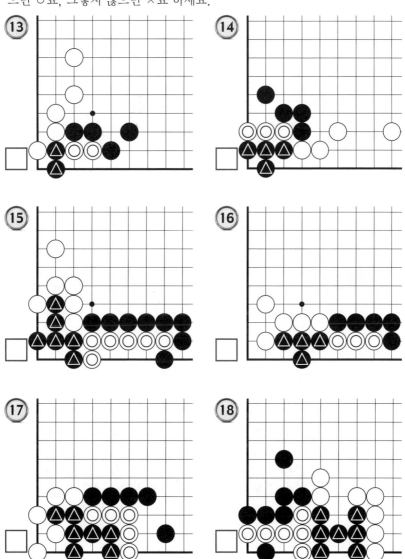

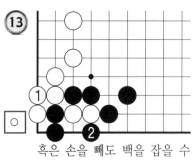

흑은 손을 빼도 백을 잡을 수 있습니다. 백1로 두면 흑2로 활로를 줄여서 흑의 승리입니다.

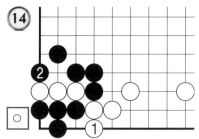

흑은 손을 빼도 백을 잡을 수 있습니다. 백1로 두면 흑2로 활로를 줄여서 흑의 승리입니다.

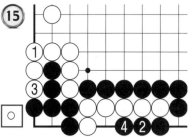

손을 빼도 백을 잡을 수 있습니다. 백1로 두면 흑2·4로 활로를 줄여서 흑의 승리입니다.

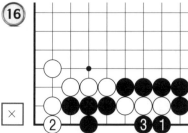

활로가 똑같으므로 흑은 손을 뺄 수 없습니다. 흑은 1·3으로 공격해야 승리할 수 있습니다.

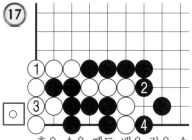

흑은 손을 빼도 백을 잡을 수 있습니다. 백1로 두면 흑2·4로 공격해서 흑의 승리입니다.

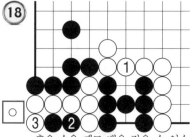

흑은 손을 빼도 백을 잡을 수 있습니다. 백1로 두면 흑2·4로 공격해서 흑의 승리입니다. (흑4…흑2)

흑●와 백◎가 수상전을 벌이고 있습니다. 흑이 곧장 활로를 메우는 것이 좋은 수이면 ○표, 그렇지 않으면 ×표 하세요.

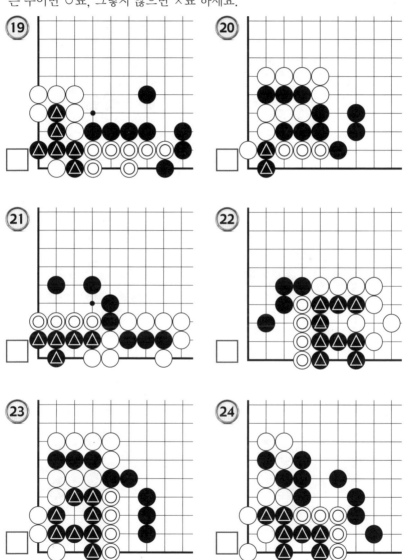

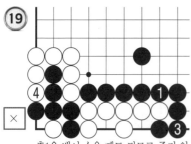

흑1은 백이 손을 빼도 되므로 좋지 않은 수입니다. 흑3으로 공격해도 백4까지 백의 승리입니다. (백2…손뺌)

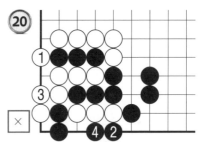

흑은 곧장 활로를 줄일 필요가 없습니다. 백1·3으로 공격해도 흑2·4면 백을 잡을 수 있기 때문입니다.

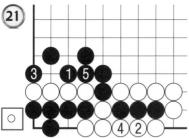

활로의 개수가 똑같으므로 흑1·3으로 백을 공격해야 합니다. 흑5까지 흑의 승리입니다.

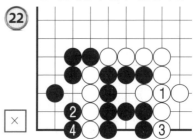

흑은 1수의 여유가 있으므로 손을 빼야 합니다. 백1·3으로 공격해도 흑2·4까지 백을 잡을 수 있습니다.

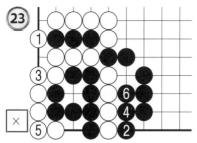

흑은 1수의 여유가 있으므로 손을 빼야 합니다. 백1·3·5로 공격해도 흑2·4·6까지 백을 잡을 수 있습니다.

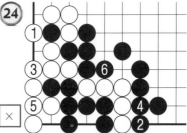

흑은 1수의 여유가 있으므로 손을 빼야 합니다. 백1·3·5로 공격해도 흑2·4·6까지 백을 잡을 수 있습니다.

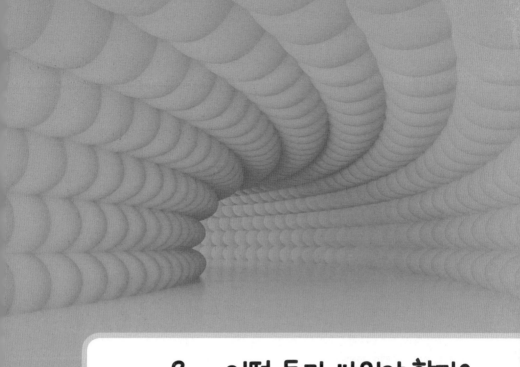

# 제 8 장  어떤 돌과 싸워야 할까?

돌과 돌이 어지럽게 얽히면 공격해야 할 대상을 찾기가 쉽
지 않습니다. 이 장을 통해서는 여러 개의 수상전이 얽혀
있을 때 공격해야 할 대상을 찾는 연습을 하도록 하겠습니
다.

## 장면도

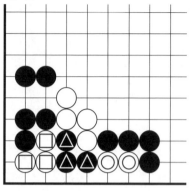

백은 흑▲ 석점을 공격하고 있고 흑은 백◎ 두점과 백□를 공격하고 있습니다. 이 경우 흑은 어떤 백돌을 공격해야 할까요?

## 1도(올바른 공격대상)

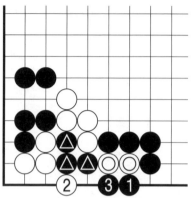

흑▲ 석점과 백◎ 두점의 활로가 2개씩 똑같으므로 백◎를 공격해야 합니다. 흑1로 단수치면 백2, 흑3까지 백◎ 두점을 잡을 수 있습니다.

## 2도(잘못된 공격대상)

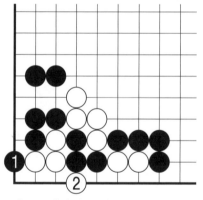

흑1로 젖혀서 공격하는 것은 큰 실수입니다. 백2로 단수치면 흑 석점이 먼저 잡힙니다.

## 3도(백, 손뺌)

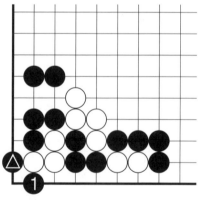

흑▲가 놓여 있는 상황이라면 흑1로 단수쳐도 수상전에서 승리할 수 있습니다.

## 익힘문제 1

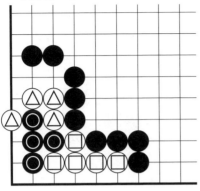

백은 흑◉ 넉점을 공격하고 있고 흑은 백△ 넉점과 백▢ 다섯점을 공격하고 있습니다. 흑은 어떤 백 돌을 공격해야 할까요?

## 1도(정답)

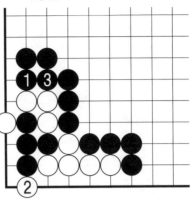

흑1로 공격하는 것이 정답입니다. 백2라면 흑3으로 단수쳐서 백을 잡을 수 있습니다.

## 2도(변화)

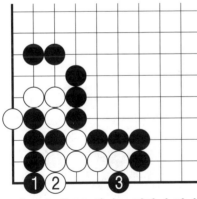

이 경우 흑1로 뻗어도 정답이 됩니다. 백2 때 흑3으로 수를 줄이면 흑의 승리입니다.

## 3도(실패)

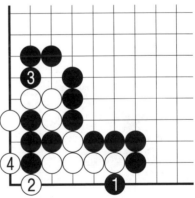

흑1로 수를 줄이는 것은 큰 실수입니다. 백2·4로 공격하면 흑이 먼저 잡히고 맙니다.

## 익힘문제 2

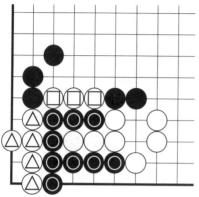

백은 흑◉ 아홉점을 공격하고 있고 흑은 백△ 다섯점과 백▢ 석점을 공격하고 있습니다. 흑은 어떤 백돌을 공격해야 할까요?

## 1도(정답)

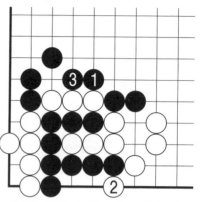

흑1로 젖혀서 활로가 3개인 백돌을 공격해야 합니다. 백2로 공격하면 흑3으로 단수쳐서 백을 잡을 수 있습니다.

## 2도(실패 1)

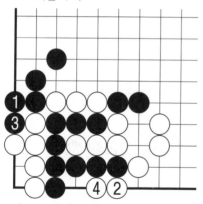

흑1로 내려선 후 3으로 공격하는 것은 공격해야 할 대상을 잘못 찾았습니다. 백2·4면 흑이 먼저 잡힙니다.

## 1도(실패 2)

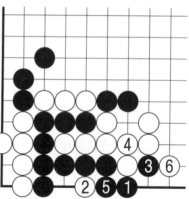

흑1은 수상전에서 별 도움이 되지 않는 수입니다. 백이 2·4·6으로 공격하면 흑이 먼저 잡힙니다.

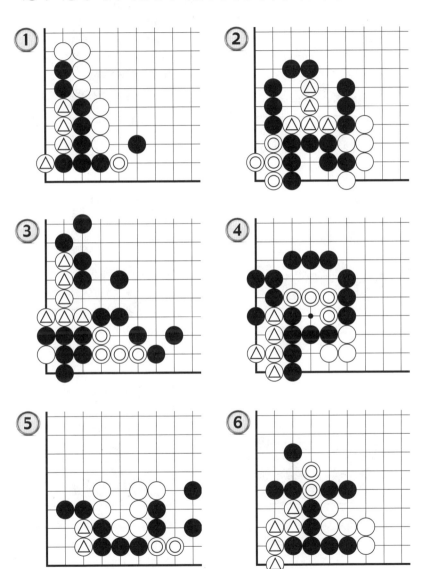

# 연습문제 1~6

백△와 백◎ 중 흑이 어떤 돌과 싸워야 수상전에서 승리할 수 있을까요?

# 연습문제 1~6 정답

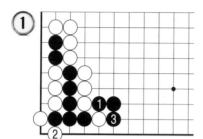

흑1로 끊은 후 백2 때 흑3으로 단수치면 수상전에서 승리할 수 있습니다.

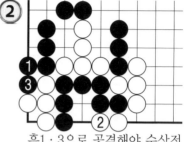

흑1·3으로 공격해야 수상전에서 승리할 수 있습니다.

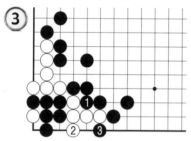

흑1·3으로 공격해야 수상전에서 승리할 수 있습니다.

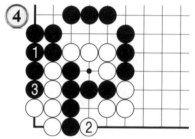

흑1·3으로 공격해야 수상전에서 승리할 수 있습니다.

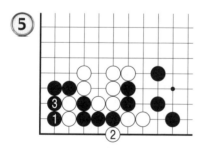

흑1·3으로 공격해야 수상전에서 승리할 수 있습니다.

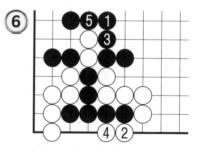

흑1로 장문을 씌운 후 5까지 공격해야 수상전에서 승리할 수 있습니다.

흑1로 둔 수가 공격해야 할 백돌을 잘 선택했으면 ○표, 그렇지 않으면 ×표 하세요.

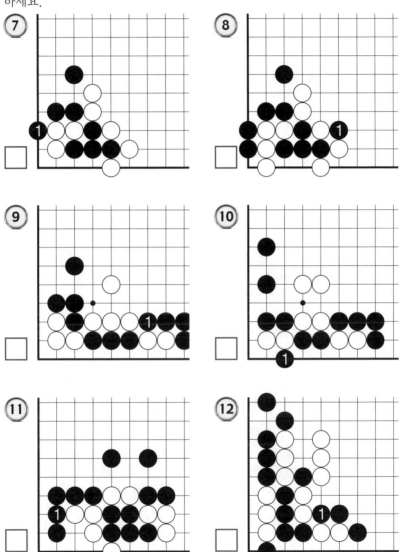

# 연습문제 7~12 정답

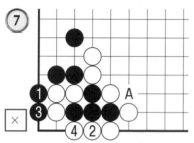

흑1은 백2·4까지 흑이 먼저 잡히므로 잘못 둔 수입니다. 흑1로는 A에 두어야 합니다.

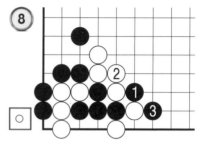

흑1은 백2 때 흑3으로 단수쳐서 백 한점을 잡을 수 있으므로 잘 둔 수입니다.

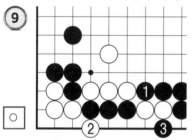

흑1로 끊으면 백2 때 흑3으로 단수쳐서 백을 잡을 수 있으므로 잘 둔 수입니다.

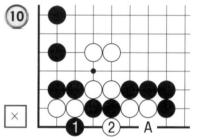

흑1은 백2로 공격하면 흑이 먼저 잡히므로 잘못 둔 수입니다. 흑1로는 A에 두어야 합니다.

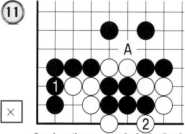

흑1은 백2로 공격하면 흑이 먼저 잡히므로 잘못 둔 수입니다. 흑1로는 A에 두어야 합니다.

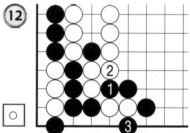

흑1로 끊으면 백2 때 흑3으로 단수쳐서 백을 잡을 수 있으므로 잘 둔 수입니다.

백△와 백◎ 중 흑이 싸워야 할 대상을 찾은 후 수상전에서 승리하는 수를
놓아보세요.

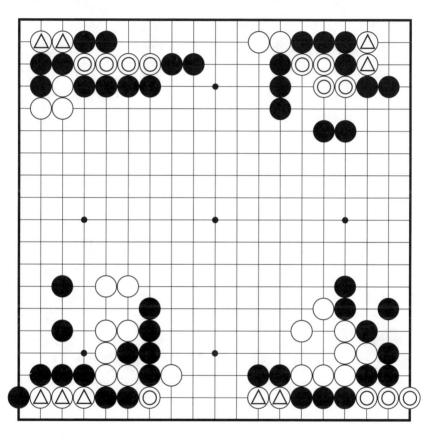

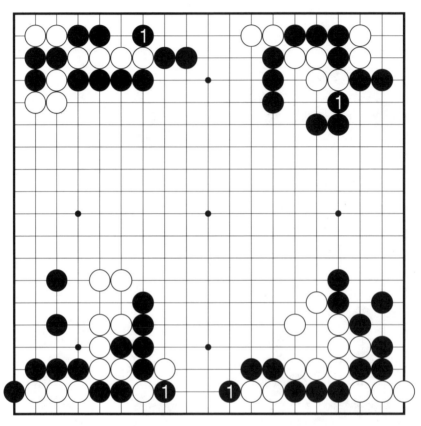

흑1로 두면 흑이 수상전에서 각각 승리할 수 있습니다.

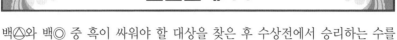

# 연습문제 14

백△와 백◎ 중 흑이 싸워야 할 대상을 찾은 후 수상전에서 승리하는 수를
놓아보세요.

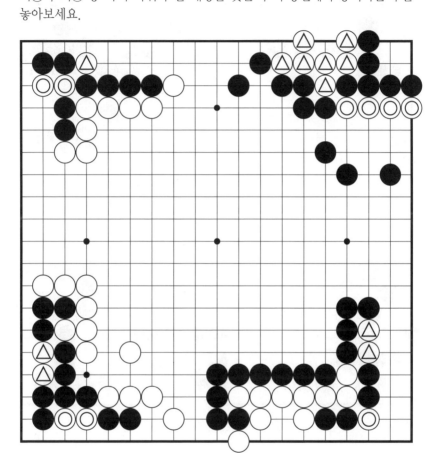

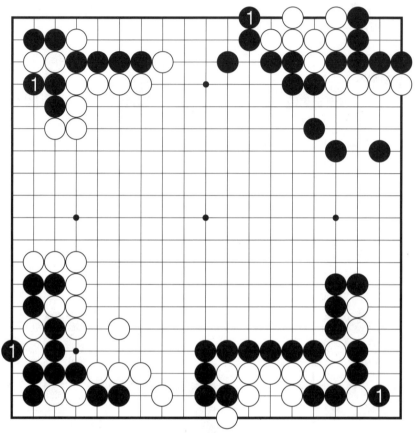

흑1로 두면 흑이 수상전에서 각각 승리할 수 있습니다.

# 제 9 장  활로를 늘린 후에 공격하기

수상전을 하다 보면 자신의 활로가 부족할 경우가 생깁니다. 이 때는 곧장 수를 줄일 것이 아니라 상대방의 약점을 이용해서 자신의 활로를 늘린 후에 공격하는 것이 올바른 선택입니다. 이 장을 통해서는 부족한 활로를 늘린 후에 공격하는 기술을 공부하도록 하겠습니다.

## 장면도 1

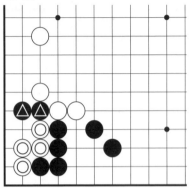

흑▲ 두점과 백◎ 넉점이 수상전을 벌이고 있습니다. 흑은 활로가 3개이고 백은 활로가 4개인데 흑이 어떻게 두면 수상전을 승리로 이끌 수 있을까요?

## 1도(활로 늘리기)

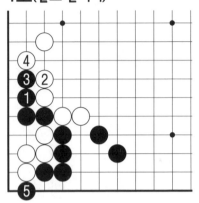

흑1로 밀고 나가는 것이 중요합니다. 백2로 늦출 수밖에 없을 때 흑3, 백4를 선수한 후 흑5로 젖히면 흑이 한수 빠른 수상전이 됩니다.

## 2도(백의 무리수)

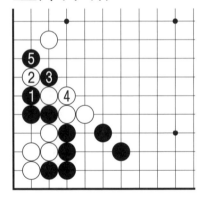

흑1 때 백2로 막는 것은 무리수입니다. 흑3·5로 단수치면 백 한점이 잡히므로 백의 손해가 큽니다.

## 3도(백의 승리)

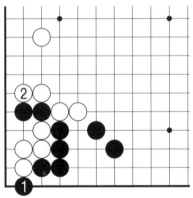

흑이 자신의 활로를 늘리지 않고 곧장 흑1로 두면 백2로 막아서 백의 승리가 됩니다.

## 장면도 2

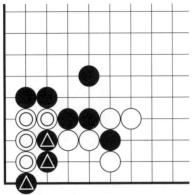

흑▲ 석점과 백◎ 넉점이 수상전을 벌이고 있습니다. 흑은 활로가 2개이고 백은 활로가 3개인데 흑이 어떻게 두면 수상전을 승리로 이끌 수 있을까요?

## 1도(활로 늘리기)

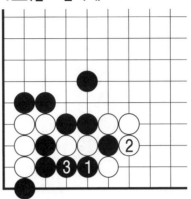

흑1로 끊는 것이 좋은 수입니다. 백2로 따낼 때 흑은 3으로 단수치는 것이 선수가 됩니다.

## 2도(1도의 계속)

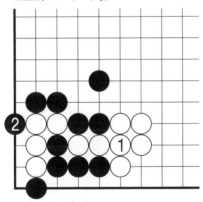

1도 이후 백은 1로 연결할 수밖에 없습니다. 흑은 활로가 1개 늘었으므로 2로 젖혀 수상전을 승리로 이끌 수 있습니다.

## 3도(백의 승리)

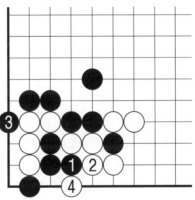

흑1로 단수치는 것은 백2로 이어서 흑의 활로가 늘어나지 않습니다. 흑3 때 백4로 단수치면 흑이 먼저 잡힙니다.

## 장면도 3

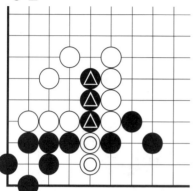

흑▲ 석점과 백◎ 두점이 수상전을 벌이고 있습니다. 흑과 백, 모두 활로가 3개이므로 흑이 먼저 두면 잡을 수 있습니다. 그렇지만 흑도 활로를 줄일 때 주의해야 할 것이 있습니다.

## 1도(흑의 승리)

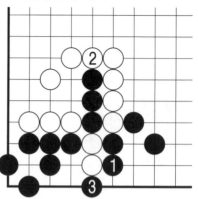

흑은 1로 막는 것이 중요합니다. 백2 때 흑3으로 단수치면 간단히 승리할 수 있습니다.

## 2도(백의 승리)

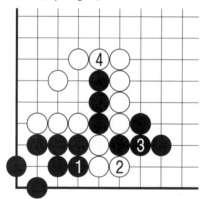

흑1로 막아도 승리할 수 있다고 생각하면 안 됩니다. 백2로 두는 순간 단수가 되므로 백의 활로가 1개 늘어났습니다. 백이 4로 수를 줄이면 이번엔 백의 승리가 됩니다.

## 3도(패)

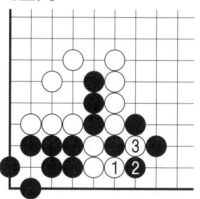

백1 때 활로를 늘려 주지 않으려면 흑2로 막아야 합니다. 그러나 백3으로 따내면 패가 되므로 흑이 미흡합니다.

# 연습문제 1~6

흑◢와 백◎가 수상전을 벌이고 있습니다. 흑◢의 수를 늘린 후에 백◎를 잡으려면 어떻게 두어야 할까요?

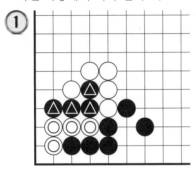

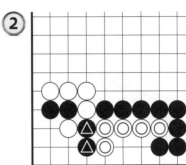

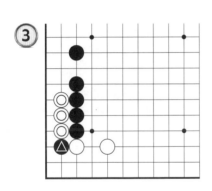

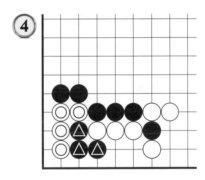

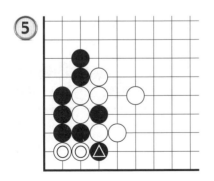

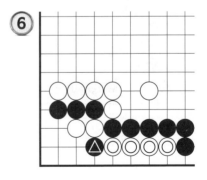

# 연습문제 1~6 정답

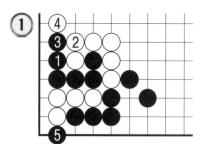

흑1·3으로 수를 늘린 후에
흑5로 공격하면 흑이 승리할
수 있습니다.

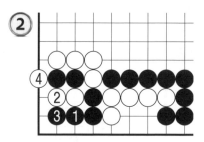

흑1·3으로 수를 늘리면 백 다섯점이 자
연스럽게 흑의 포로가 됩니다. 백4 때
흑은 손을 빼도 백을 잡을 수 있습니다.

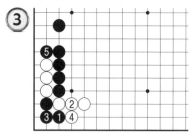

흑1·3으로 수를 늘린 후에
흑5로 공격하면 흑이 승리할
수 있습니다.

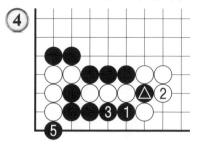

흑1·3으로 수를 늘린 후에
흑5로 공격하면 흑이 승리할
수 있습니다.　（백4…흑▲）

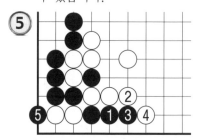

흑1·3으로 수를 늘린 후에
흑5로 공격하면 흑이 승리할
수 있습니다.

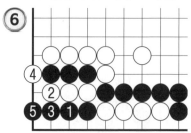

흑1·3으로 수를 늘린 후에
흑5로 공격하면 흑이 승리할
수 있습니다.

흑⬆와 백◎가 수상전을 벌이고 있습니다. 흑⬆의 수를 늘린 후에 백◎를 잡으려면 어떻게 두어야 할까요?

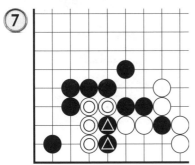

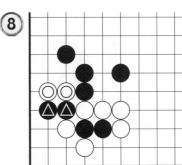

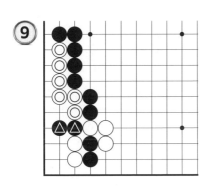

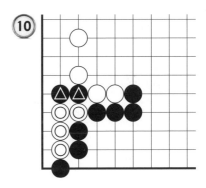

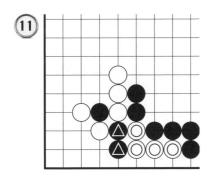

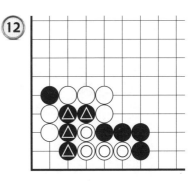

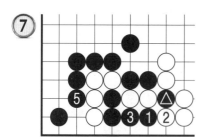

흑1·3으로 수를 늘린 후에
흑5로 공격하면 흑이 승리할
수 있습니다. (백4…흑⬤)

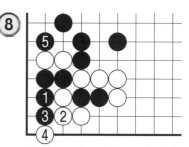

흑1·3·5로 수를 늘리면 흑
의 활로가 많아져서 백을 잡
을 수 있습니다.

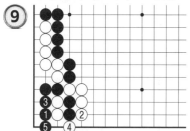

흑1·3으로 수를 늘린 후에
흑5로 공격하면 흑이 승리할
수 있습니다.

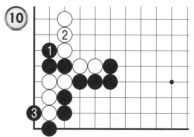

흑1로 수를 늘린 후에 흑3으
로 공격하면 흑이 승리할 수
있습니다.

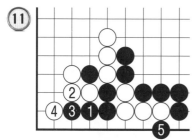

흑1·3·5로 수를 늘리면 흑
의 활로가 많아져서 백을 잡
을 수 있습니다.

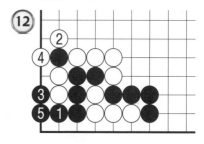

흑1·3으로 수를 늘린 후에
흑5로 공격하면 흑이 승리할
수 있습니다.

# 연습문제 13~18

흑과 백이 수상전을 벌이고 있습니다. 흑이 백△를 잡고 수상전에서 승리하려면 어떻게 두어야 할까요?

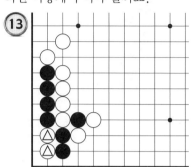

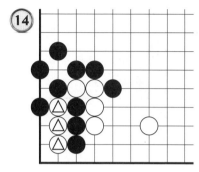

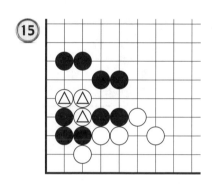

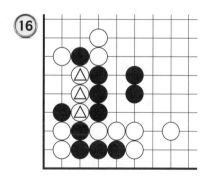

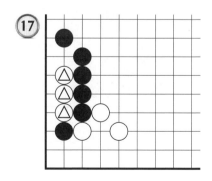

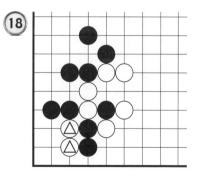

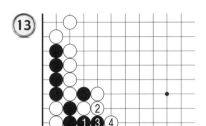

흑1·3으로 수를 늘린 후에
흑5로 공격하면 흑이 승리할
수 있습니다.

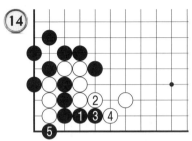

흑1·3·5로 수를 늘리면 흑
의 활로가 많아져서 백을 잡
을 수 있습니다.

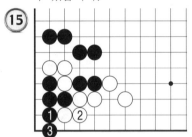

흑1·3으로 수를 늘리면 흑
의 활로가 많아져서 백을 잡
을 수 있습니다.

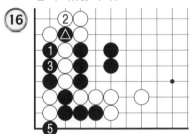

흑1·3으로 수를 늘린 후에
흑5로 공격하면 흑이 승리할
수 있습니다.  (백4…흑●)

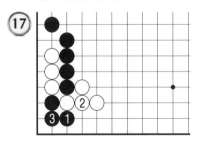

흑1·3으로 수를 늘려서 공
격하면 흑이 승리할 수 있습
니다.

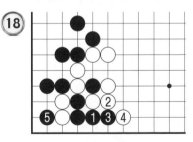

흑1·3으로 수를 늘린 후에
흑5로 공격하면 흑이 승리할
수 있습니다.

흑과 백이 수상전을 벌이고 있습니다. 흑이 백△를 잡고 수상전에서 승리하려면 어떻게 두어야 할까요?

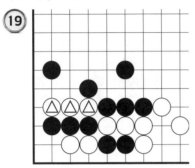

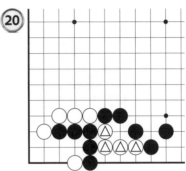

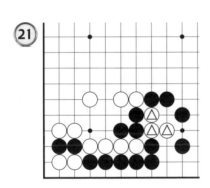

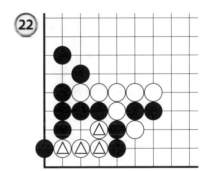

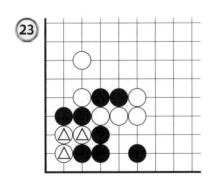

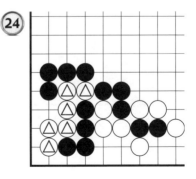

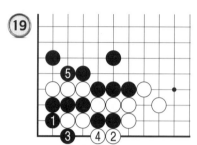

흑1·3으로 수를 늘린 후에 흑5로 공격하면 흑이 승리할 수 있습니다.

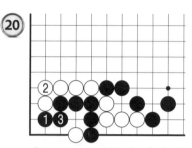

흑1·3으로 수를 늘리면 흑의 활로가 많아져서 백을 잡을 수 있습니다.

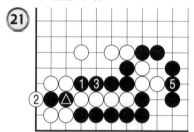

흑1·3으로 수를 늘린 후에 흑5로 공격하면 흑이 승리할 수 있습니다. (백4…흑●)

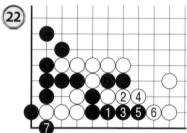

흑1·3·5로 수를 늘린 후에 흑7로 공격하면 흑이 승리할 수 있습니다.

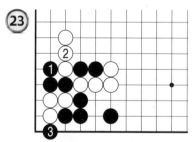

흑1로 수를 늘린 후에 흑3으로 공격하면 흑이 승리할 수 있습니다.

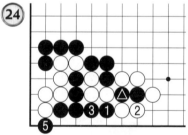

흑1·3으로 수를 늘린 후에 흑5로 공격하면 흑이 승리할 수 있습니다. (백4…흑●)

# 제10장 먹여쳐서 활로 줄이기

수상전에서 상대방 수를 줄이는 방법으로 먹여치기라는
기술이 있습니다. 먹여치기는 상대방으로 하여금 돌을 따
내게 해서 자충을 유도하는 기술입니다. 이 장을 통해서는
먹여쳐서 상대방 돌의 활로를 줄이는 방법을 공부하도록
하겠습니다.

## 장면도

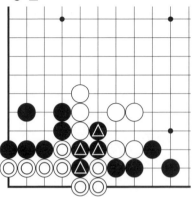

흑▲ 넉점과 백◎ 여덟점이 수상전을 벌이고 있습니다. 얼핏 보기엔 흑의 수가 턱없이 부족해 보이는데 흑은 어떤 방법으로 수상전을 시도할까요?

## 1도(먹여치기)

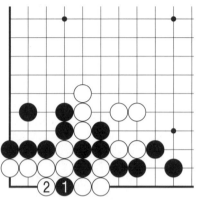

흑은 1로 먹여쳐서 백2로 따내게 하는 것이 중요합니다. 흑1로 먹여치는 수에 의해 백의 수가 1수 줄어듭니다.

## 2도(흑의 승리)

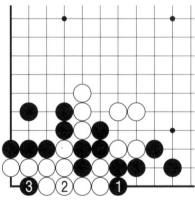

1도 이후 흑1로 단수치면 백2로 이을 수밖에 없는데 흑3으로 집어넣어 흑의 승리가 됩니다.

## 3도(흑의 패배)

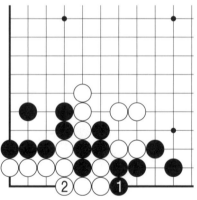

흑이 1도처럼 먹여치지 않고 1로 단수치면 안 됩니다. 백2로 잇는 순간 흑은 1수 부족으로 수상전에서 패배합니다.

## 익힘문제 1

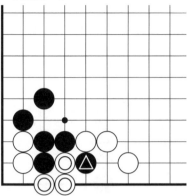

흑⬤ 한점과 백◎ 석점이 수상전을 벌이고 있습니다. 흑이 수상전에서 승리하려면 어떻게 두어야 할까요?

## 1도(정답)

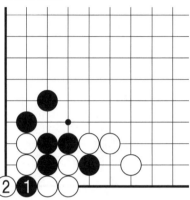

흑1로 먹여치는 것이 정답입니다. 흑1로 먹여치면 백은 2로 따낼 수밖에 없습니다.

## 2도(흑의 승리)

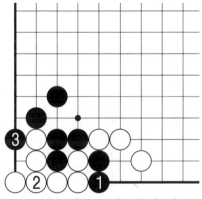

1도 이후 흑1로 단수치면 백2로 이을 수밖에 없는데 흑3으로 수를 줄여서 흑의 승리가 됩니다.

## 3도(백의 승리)

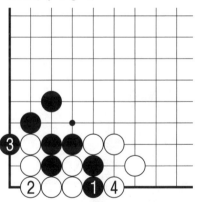

흑이 먹여치지 않고 단순하게 1로 단수치면 안 됩니다. 백2 때 흑3으로 수를 줄여도 백4로 단수쳐서 흑이 먼저 잡힙니다.

## 익힘문제 2

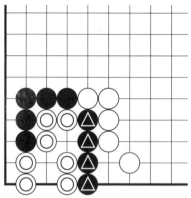

흑▲ 넉점과 백◎ 일곱점이 수상
전을 벌이고 있습니다. 흑이 수상
전에서 승리하려면 어떻게 두어야
할까요?

## 1도(정답)

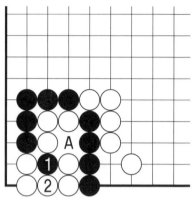

흑1로 먹여치는 것이 정답입니다.
백은 자충이 되어 A에 잇지 못하
고 2로 따낼 수밖에 없습니다.

## 2도(흑의 패배)

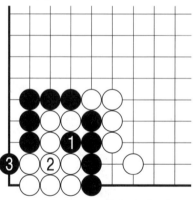

1도 이후 흑1로 단수치면 백2로
이을 수밖에 없는데 흑3으로 단수
쳐서 흑이 승리할 수 있습니다.

## 3도(백의 승리)

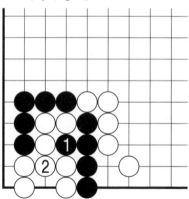

흑1로 단수치면 백2로 이어서 흑이
패배합니다. 흑은 2수, 백은 3수이
기 때문입니다.

흑▲와 백◎가 수상전을 벌이고 있습니다. 흑이 수상전에서 승리하려면 어떻게 두어야 할까요? (3~5수 표시)

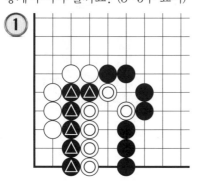

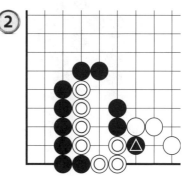

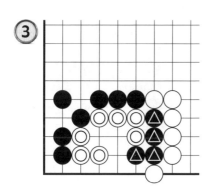

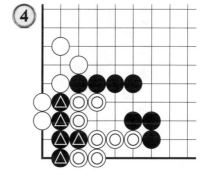

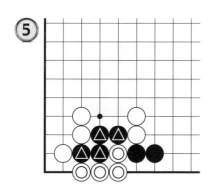

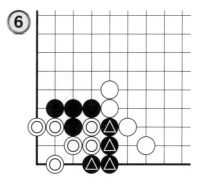

①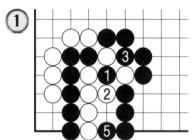

흑1로 먹여친 후 3 · 5로 공격
하면 흑이 수상전에서 승리할
수 있습니다. (백4…흑1)

②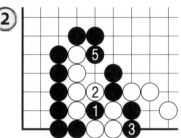

흑1로 먹여친 후 3 · 5로 공격
하면 흑이 수상전에서 승리할
수 있습니다. (백4…흑1)

③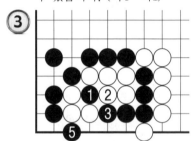

흑1로 먹여친 후 3 · 5로 공격
하면 흑이 수상전에서 승리할
수 있습니다. (백4…흑1)

④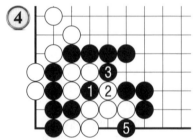

흑1로 먹여친 후 3 · 5로 공격
하면 흑이 수상전에서 승리할
수 있습니다. (백4…흑1)

⑤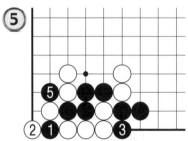

흑1로 먹여친 후 3 · 5로 공격
하면 흑이 수상전에서 승리할
수 있습니다. (백4…흑1)

⑥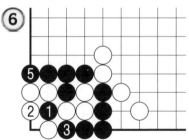

흑1로 먹여친 후 3 · 5로 공격
하면 흑이 수상전에서 승리할
수 있습니다. (백4…흑1)

흑과 백이 수상전을 벌이고 있습니다. 흑이 먹여치기 기술을 이용해서 수상
전에서 승리하려면 어떻게 두어야 할까요? (3~5수 표시)

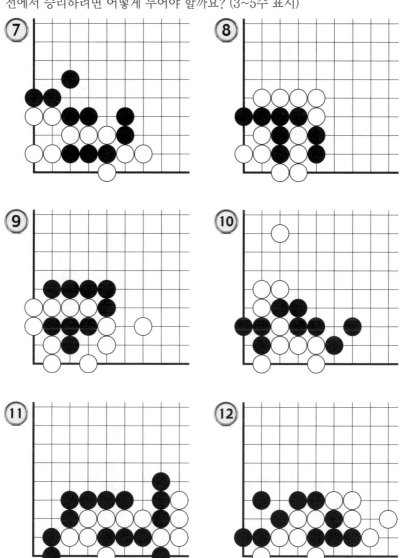

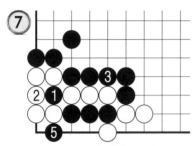

흑1로 먹여친 후 3·5로 공격
하면 흑이 수상전에서 승리할
수 있습니다. (백4…흑1)

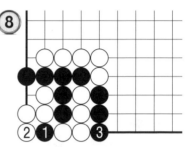

흑1로 먹여친 후 3으로 공격
하면 흑이 수상전에서 승리
할 수 있습니다.

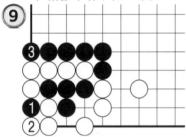

흑1로 먹여친 후 3으로 공격
하면 흑이 수상전에서 승리
할 수 있습니다.

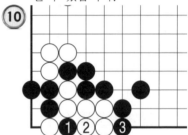

흑1로 먹여친 후 3으로 공격
하면 흑이 수상전에서 승리
할 수 있습니다.

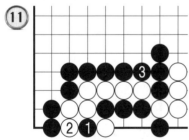

흑1로 먹여친 후 3으로 공격
하면 흑이 수상전에서 승리
할 수 있습니다.

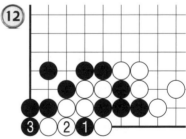

흑1로 먹여친 후 3으로 공격
하면 흑이 수상전에서 승리
할 수 있습니다.

흑과 백이 수상전을 벌이고 있습니다. 흑이 먹여치기 기술을 이용해서 수상전에서 승리하려면 어떻게 두어야 할까요? (3~5수 표시)

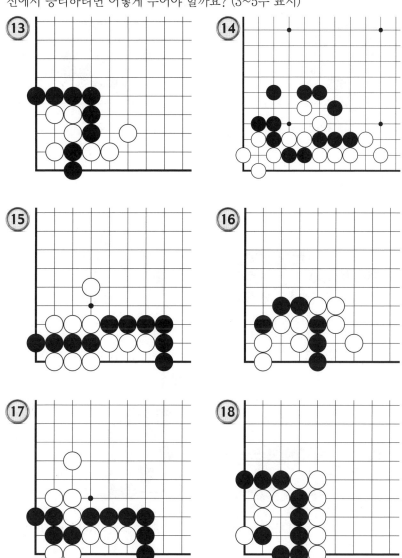

# 연습문제 13~18 정답

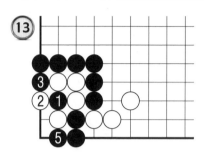

흑1로 먹여친 후 3·5로 공격
하면 흑이 수상전에서 승리할
수 있습니다. (백4…흑1)

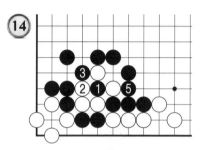

흑1로 먹여친 후 3·5로 공격
하면 흑이 수상전에서 승리할
수 있습니다. (백4…흑1)

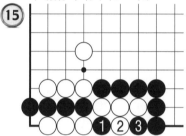

흑1로 먹여친 후 3으로 공격
하면 흑이 수상전에서 승리
할 수 있습니다.

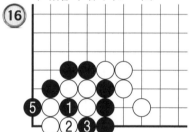

흑1로 먹여친 후 3·5로 공격
하면 흑이 수상전에서 승리할
수 있습니다. (백4…흑1)

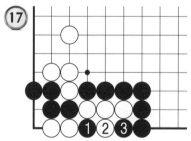

흑1로 먹여친 후 3으로 공격
하면 흑이 수상전에서 승리
할 수 있습니다.

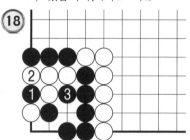

흑1로 먹여친 후 3으로 공격
하면 흑이 수상전에서 승리
할 수 있습니다.

# 연습문제 19~24

흑과 백이 수상전을 벌이고 있습니다. 흑이 먹여치기 기술을 이용해서 수상전에서 승리하려면 어떻게 두어야 할까요? (3~5수 표시)

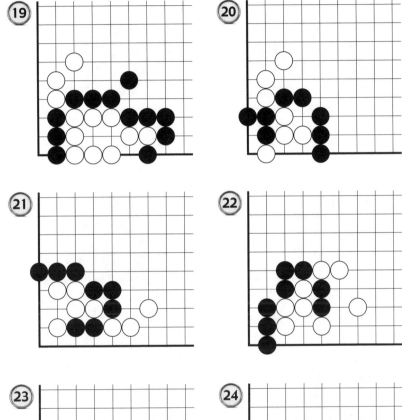

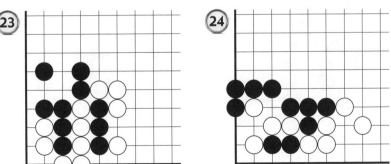

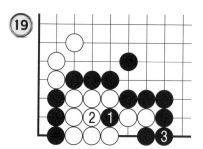

흑1로 먹여친 후 3으로 공격
하면 흑이 수상전에서 승리
할 수 있습니다.

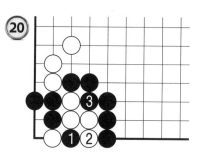

흑1로 먹여친 후 3으로 공격
하면 흑이 수상전에서 승리
할 수 있습니다.

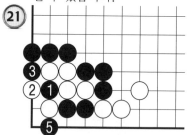

흑1로 먹여친 후 3·5로 공격
하면 흑이 수상전에서 승리할
수 있습니다. (백4…흑1)

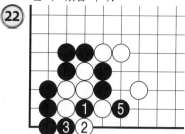

흑1로 먹여친 후 3·5로 공격
하면 흑이 수상전에서 승리할
수 있습니다. (백4…흑1)

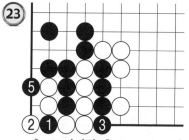

흑1로 먹여친 후 3·5로 공격
하면 흑이 수상전에서 승리할
수 있습니다. (백4…흑1)

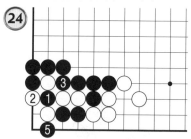

흑1로 먹여친 후 3·5로 공격
하면 흑이 수상전에서 승리할
수 있습니다. (백4…흑1)

# 제11장 자충수

바둑을 둘 때 가장 두지 말아야 할 수가 바로 자충수입니다. 자충수란 자기 스스로 활로를 없애는 수를 말합니다. 이 장을 통해서는 자충수에 대해서 알아보겠습니다.

## 장면도 1

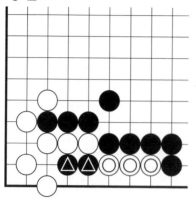

흑● 두점과 백◎ 석점이 수상전을 벌이고 있습니다. 활로의 개수가 3개씩 똑같으므로 흑이 먼저 두면 승리할 수 있습니다.

## 1도(흑의 승리)

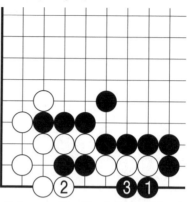

흑은 1로 활로를 메워서 백을 잡을 수 있습니다. 백2 때 흑3으로 단수치면 수상전은 흑의 승리입니다.

## 2도(자충수 1)

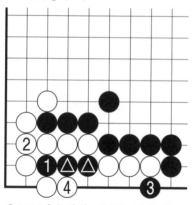

흑1로 단수쳐서 백2로 잇게 하는 것은 대악수입니다. 흑1, 백2의 교환 때문에 흑의 활로가 3개에서 2개로 줄어들었습니다. 뒤늦게 흑3으로 두어도 백4로 단수치면 백의 승리입니다.

## 3도(자충수 2)

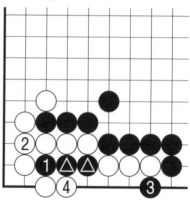

흑1로 두는 것은 더욱 나쁜 자충수입니다. 흑1로 두면 흑● 두점의 활로가 3개에서 2개로 줄어들었습니다. 백◎ 석점은 3개의 활로를 갖고 있기 때문에 수상전은 백의 승리입니다.

## 장면도 2

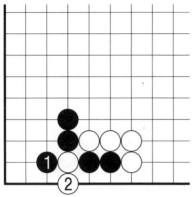

흑1로 단수치자 백이 2로 달아난 장면입니다. 흑과 백의 활로가 2개씩 똑같으므로 흑이 먼저 두면 승리할 수 있습니다.

## 1도(흑의 승리)

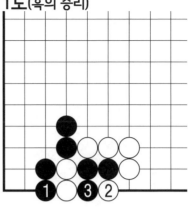

흑은 반드시 1로 단수쳐야 합니다. 백2로 둔다면 흑3으로 두어 백 두 점을 따낼 수 있습니다.

## 2도(자충수)

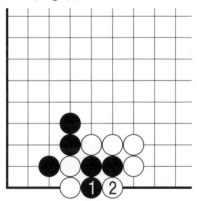

흑이 1도처럼 바깥에서 수를 메우지 않고 흑1로 안쪽에서 단수치는 것은 대악수입니다. 흑1이 자충수이기 때문에 백2로 두면 흑이 먼저 잡힙니다.

## 3도(흑, 죽음)

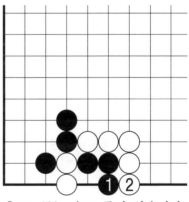

흑1로 두는 수도 좋지 않습니다. 백2로 단수치면 흑이 먼저 잡힙니다.

## 익힘문제

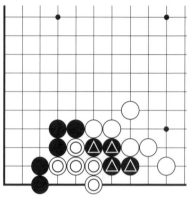

흑▲ 넉점과 백◎ 다섯점이 수상전을 벌이고 있습니다. 흑은 어떤 방법으로 활로를 줄여야 수상전에서 승리할 수 있을까요?

## 1도 (정답)

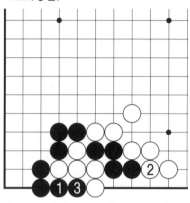

흑1·3처럼 바깥에서부터 수를 메워야 합니다. 흑은 어렵지 않게 백을 포획할 수 있습니다.

## 2도 (자충수 1)

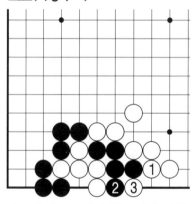

백1 때 흑2로 단수치는 것은 대악수입니다. 흑2로 자충수이기 때문에 백3이면 흑이 먼저 잡힙니다.

## 3도 (자충수 2)

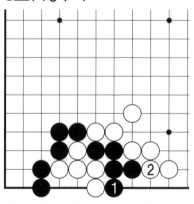

흑1로 수를 메우는 것도 자충수입니다. 백2로 단수치면 흑이 먼저 잡히고 맙니다.

# 연습문제 1~6

흑1로 둔 수가 자충수가 아니면 ○표, 자충수이면 ×표 하세요.

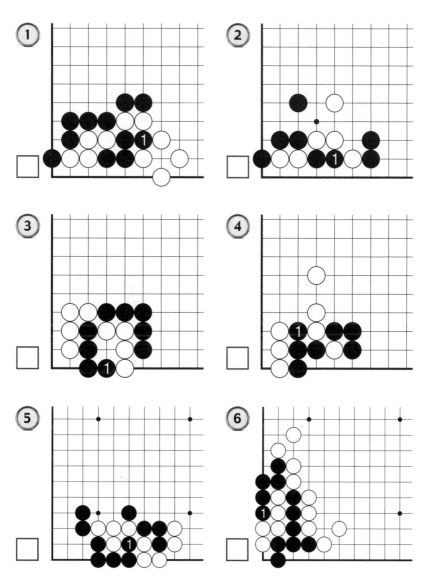

# 연습문제 1~6 정답

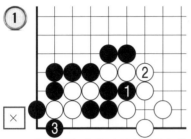

흑1은 백2 때 흑3으로 보강해야 하므로 자충수입니다. 흑1을 두지 않으면 흑은 가일수할 필요가 없습니다.

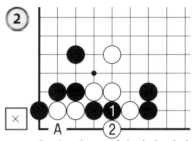

흑1은 백2로 단수치면 먼저 잡힙니다. 흑1은 A에 두어야 합니다.

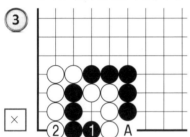

흑1은 백2로 단수치면 먼저 잡힙니다. 흑1은 A에 두어야 합니다.

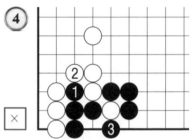

흑1은 백2 때 흑3으로 보강해야 하므로 자충수입니다. 흑1을 두지 않으면 흑은 가일수할 필요가 없습니다.

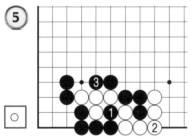

흑1은 백2로 보강할 때 흑3으로 단수칠 수 있으므로 자충수가 아닙니다.

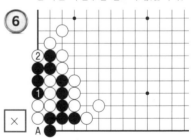

흑1은 백2로 두면 잡히므로 자충수입니다. 흑1은 A에 두어야 합니다.

흑1로 둔 수가 자충수가 아니면 ○표, 자충수이면 ×표 하세요.

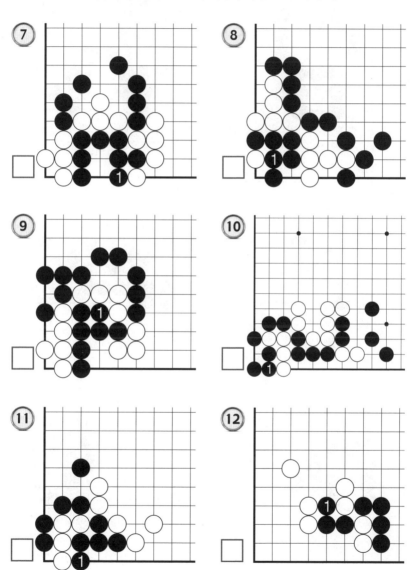

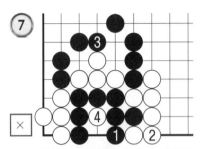

흑1은 백2·4까지 먼저 잡히므로 자충수입니다. 흑1은 그냥 3으로 수를 메워야 합니다.

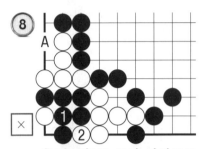

흑1은 백2로 두면 잡히므로 자충수입니다. 흑1은 A에 두어야 합니다.

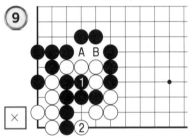

흑1은 백2로 두면 잡히므로 자충수입니다. 흑1은 A나 B에 두어야 합니다.

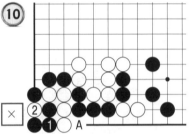

흑1은 백2로 두면 잡히므로 자충수입니다. 흑1은 A에 두어야 합니다.

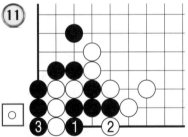

흑1은 백2 때 흑3으로 잡을 수 있으므로 자충수가 아닙니다.

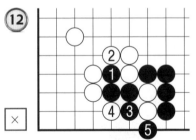

흑1은 백2 때 흑3으로 보강해야 하므로 자충수입니다. 흑1을 두지 않으면 흑은 가일수할 필요가 없습니다.

흑1로 둔 수 중에서 자충수가 아닌 수를 모두 찾아 ○표 하세요.

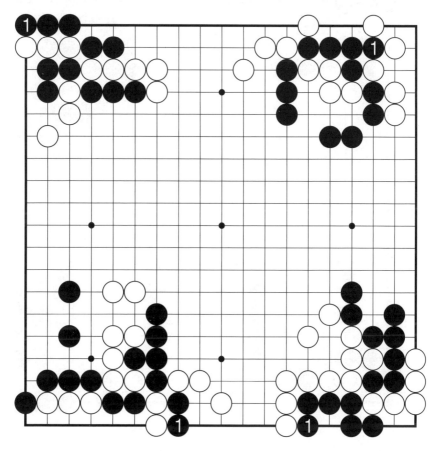

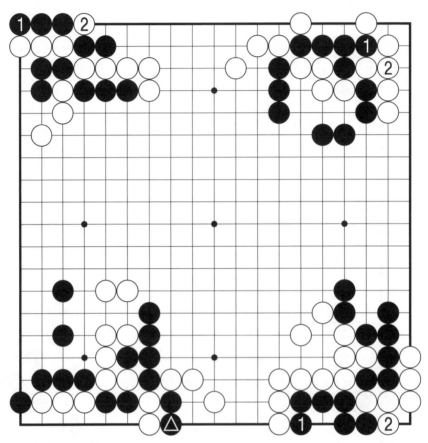

좌하귀의 흑⚫만 자충수가 아닙니다. 좌상귀와 우상귀, 그리고 우하귀 흑
1은 백이 2로 두면 먼저 잡히므로 모두 자충수입니다.

백돌의 활로를 줄이고 있는 흑1 중에 올바른 수를 찾아 ○표 하세요.

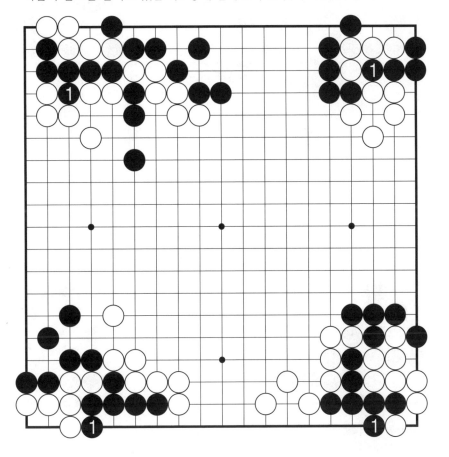

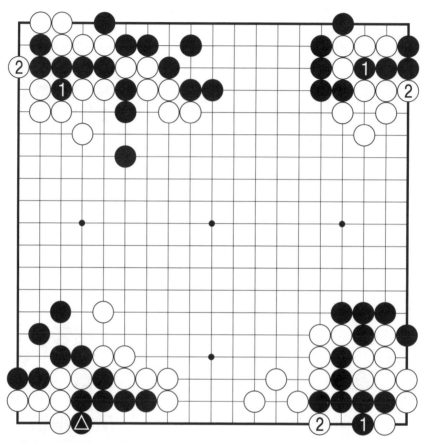

좌하귀의 흑⚫️만 자충수가 아닙니다. 좌상귀와 우상귀, 그리고 우하귀 흑
1은 백이 2로 두면 먼저 잡히므로 모두 자충수입니다.

# 제12장 자충으로 유도하기

상대방 돌을 공격할 때 자충으로 유도하면 큰 성과를 거둘
수 있습니다. 이 장을 통해서는 상대방 돌을 자충으로 유도
해서 공격하는 기술을 공부하도록 하겠습니다.

## 장면도

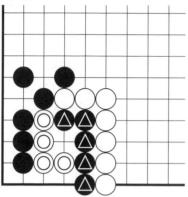

흑● 다섯점과 백◎ 넉점이 수상전을 벌이고 있습니다. 흑● 다섯점은 2수, 백◎ 넉점은 3수이므로 얼핏 보기에 흑이 불리한 수상전처럼 보입니다. 이 경우 흑은 어떻게 두어야 할까요?

## 1도(자충으로 유도)

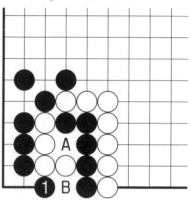

흑1로 젖히면 활로의 개수와 상관없이 흑이 수상전에서 승리할 수 있습니다. 백은 자충이 되어 A와 B 어느 곳으로도 단수칠 수 없습니다.

## 2도(백의 승리)

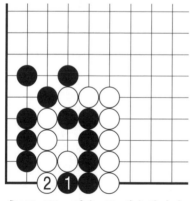

흑1로 두는 것은 큰 실수입니다. 백2로 단수치면 흑이 먼저 잡힙니다.

## 3도(자충수)

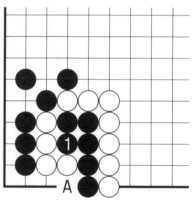

흑1로 두는 것은 자충수이므로 더욱 나쁜 수입니다. 백은 언제든지 A에 두어 흑을 따낼 수 있으므로 손을 뺍니다.

## 익힘문제 1

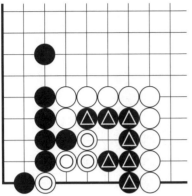

흑● 일곱점과 백◎ 넉점이 수상 전을 벌이고 있습니다. 흑은 어떤 방법으로 수상전을 벌여야 할까 요?

## 1도(정답)

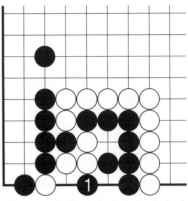

흑1로 젖히면 간단하게 흑의 승리로 결정됩니다. 흑1로 두는 순간 백은 자충이 되었습니다.

## 2도(흑의 승리)

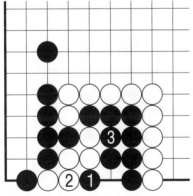

흑1로 젖혔을 때 백2로 잇고 버틴다면 흑3으로 두어 백을 따낼 수 있습니다.

## 3도(실패)

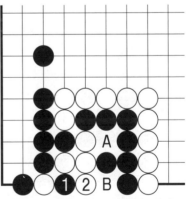

흑1로 따내면 백2로 막아서 실패로 돌아갑니다. 이후 흑은 자충이 되어 A나 B 어느 곳에도 둘 수 없습니다.

## 익힘문제 2

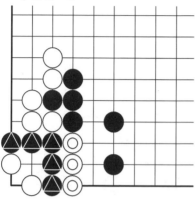

흑● 다섯점과 백◎ 석점이 수상전을 벌이고 있습니다. 얼핏 보기에 흑은 1수가 부족한데 수상전을 이기기 위해선 어떻게 두어야 할까요?

## 1도(정답)

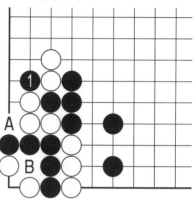

흑1로 끊는 것이 백의 자충을 이용하는 좋은 수입니다. 흑1로 끊으면 백은 자충이 되어 A나 B에 단수칠 수 없습니다.

## 2도(흑의 승리)

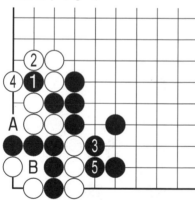

흑1로 끊으면 백은 2로 단수칠 수밖에 없습니다. 흑3으로 수를 줄였을 때 백은 여전히 자충이 되어 A나 B에 단수칠 수 없습니다. 백4로 따낼 수밖에 없을 때 흑5로 단수치면 흑의 승리입니다.

## 3도(백의 승리)

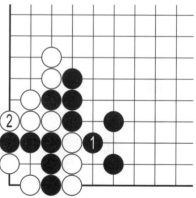

백의 자충을 유도하지 않고 곧장 흑1로 수를 메우면 백2로 단수쳐서 흑이 먼저 잡힙니다.

흑●와 백◎가 수상전을 벌이고 있습니다. 흑이 자충을 이용해서 수상전에
서 승리하려면 어떻게 두어야 할까요?

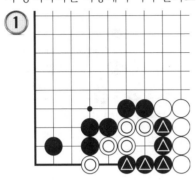

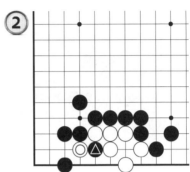

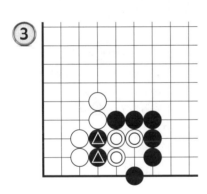

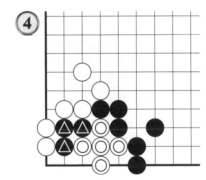

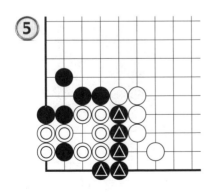

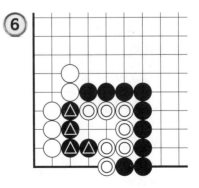

# 연습문제 1~6 정답

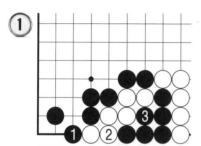

흑1로 단수치면 백2로 이어
도 흑3으로 따낼 수 있습니
다.

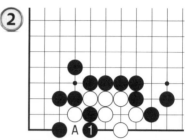

흑1로 달아나면 백이 자충이
되어 A에 단수칠 수 없으므로
수상전은 흑의 승리입니다.

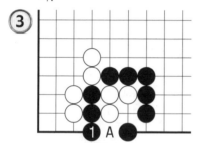

흑1로 달아나면 백이 자충이
되어 A에 단수칠 수 없으므로
수상전은 흑의 승리입니다.

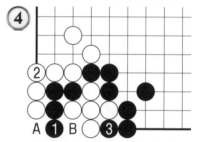

흑1로 달아나면 백은 자충이 되어 A
나 B에 단수칠 수 없습니다. 백2 때
흑3으로 단수치면 흑의 승리입니다.

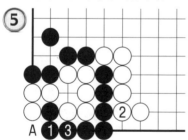

흑1로 달아나면 백이 자충이
되어 A나 3의 곳으로 단수칠
수 없으므로 수상전은 흑의
승리입니다.

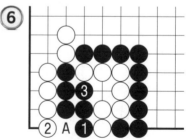

흑1로 수를 메우면 백이 자
충이 되어 A나 3의 곳으로
단수칠 수 없으므로 수상전
은 흑의 승리입니다.

흑⬤와 백◎가 수상전을 벌이고 있습니다. 흑이 자충을 이용해서 수상전에서 승리하려면 어떻게 두어야 할까요?

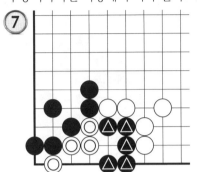

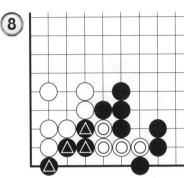

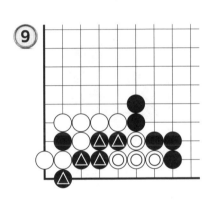

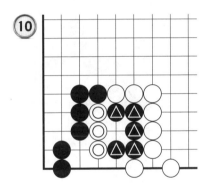

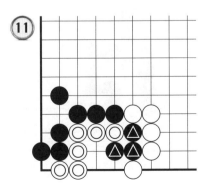

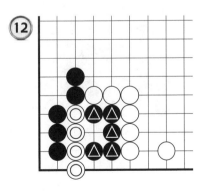

⑦
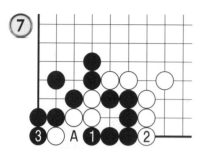

흑1로 둔 후 백2 때 흑3으로
단수치면 백은 자충이 되어
A에 이을 수 없습니다.

⑧
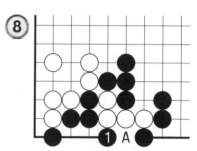

흑1로 젖히면 백이 자충이 되
어 A로 단수칠 수 없으므로
수상전은 흑의 승리입니다.

⑨
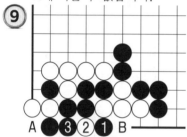

흑1로 젖히면 백2로 먹여쳐도 흑3으
로 따낸 이후 백이 A나 B에 둘 수 없
으므로 수상전은 흑의 승리입니다.

⑩
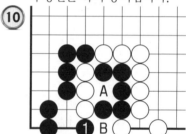

흑1로 젖히면 백이 자충이 되
어 A나 B에 단수칠 수 없으므
로 수상전은 흑의 승리입니다.

⑪
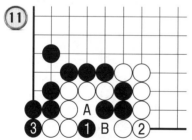

흑1로 수를 메우면 백이 자충이
되어 A나 B에 단수칠 수 없으므
로 수상전은 흑의 승리입니다.

⑫
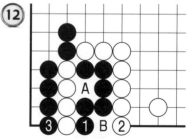

흑1로 두면 백이 자충이 되어
A나 B에 단수칠 수 없으므로
수상전은 흑의 승리입니다.

네 귀에서 수상전이 벌어지고 있습니다. 흑이 자충을 이용해서 수상전에서
승리하려면 각각 어느 곳에 두어야 할까요?

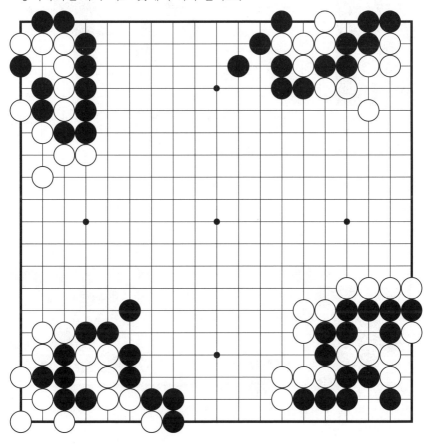

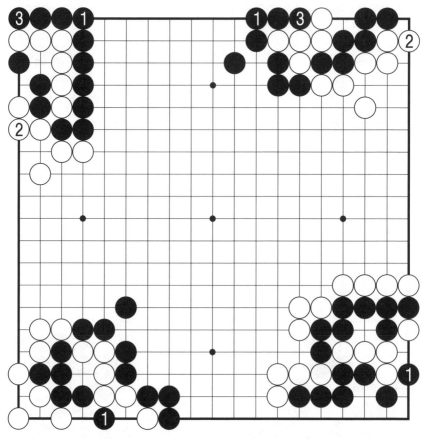

흑1로 두면 백이 자충 때문에 단수를 칠 수 없으므로 흑은 수상전에서 각
각 승리할 수 있습니다.

# 연습문제 14

네 귀에서 수상전이 벌어지고 있습니다. 흑이 자충을 이용해서 수상전에서
승리하려면 각각 어느 곳에 두어야 할까요?

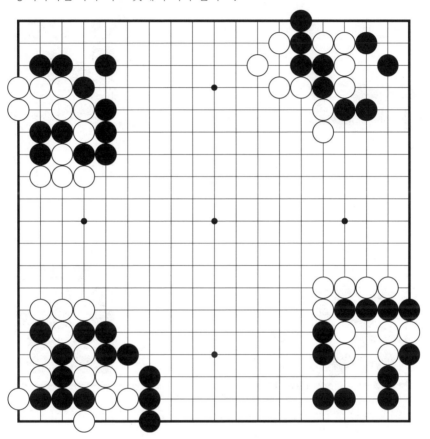

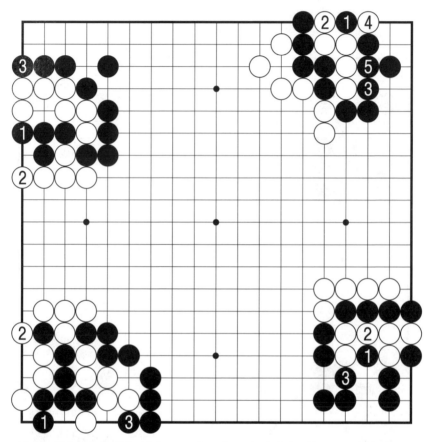

흑1로 두는 것이 백을 자충으로 유도하는 수입니다. 백2로 둔다면 흑3으로 공격해서 흑은 수상전에서 각각 승리할 수 있습니다.

# 제13장 유가무가를 이용한 수상전

수상전의 형태에서 집을 갖고 있는 것과 집을 갖고 있지 않은 것은 수상전의 결과에 중대한 영향을 끼칩니다. 이 장을 통해서는 유가무가를 이용한 수상전에 대해서 살펴보도록 하겠습니다.

## 장면도

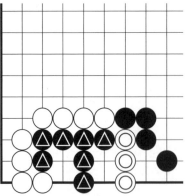

흑● 일곱점과 백◎ 석점이 수상전을 벌이고 있습니다. 흑이 빅을 만들지 않고 백을 잡으려면 어떻게 두어야 할까요?

## 1도(흑의 정수)

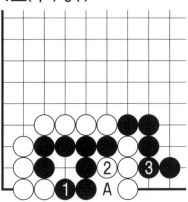

얼핏 자충이 되는 것 같지만 흑1로 한집을 만드는 것이 정답입니다. 백2로 수를 줄일 때 흑3으로 공격하면 백은 자충이 되어 A에 단수칠 수 없습니다.

## 2도(빅)

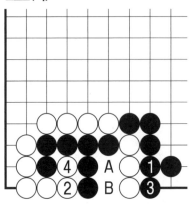

흑1·3은 바깥에서부터 수를 메우는 수상전의 기본 원칙을 따른 수입니다. 그러나 백2·4로 받고 나면 흑과 백 모두 A나 B에 둘 수 없으므로 빅이 됩니다.

## 3도(백의 승리)

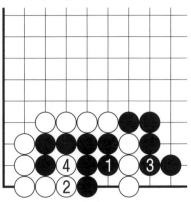

흑1로 안쪽에서 수를 메우는 것은 자충수입니다. 백은 2로 수를 메우는 것이 중요합니다. 흑3 때 백4로 단수치면 수상전은 백의 승리입니다.

# 익힘문제 1

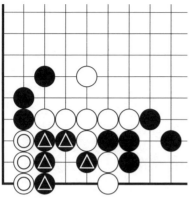

흑⬤ 다섯점과 백◎ 석점이 수상 전을 벌이고 있습니다. 흑이 수상 전에서 승리하려면 어떻게 두어야 할까요?

# 1도(정답)

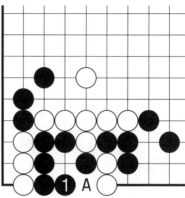

흑1로 한집을 만들어야 합니다. 백 은 자충이 되어 A에 단수칠 수 없 으므로 포로 신세가 되었습니다.

# 2도(실패 1)

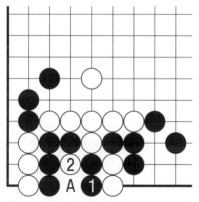

흑1로 단수치는 것은 큰 실수입니 다. 백2로 먹여치면 흑이 A에 따 낼 수 없으므로 흑 넉점이 먼저 잡 힙니다.

# 3도(실패 2)

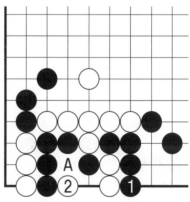

흑1로 단수치는 수 역시 백이 2로 공격하면 흑의 실패로 돌아갑니 다. 흑은 자충이 되어 A에 이을 수 없습니다.

## 익힘문제 2

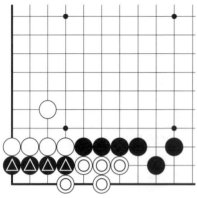

흑● 넉점과 백◎ 다섯점이 수상
전을 벌이고 있습니다. 흑이 수상
전에서 승리하려면 어떻게 두어야
할까요?

## 1도(정답)

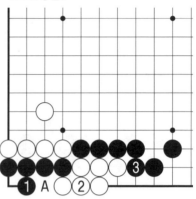

흑1로 집을 만드는 것이 중요합니다.
백은 자충 때문에 A에 단수칠 수 없으
므로 2로 잇고 두어야 합니다. 그러나
흑이 3으로 수를 메우면 백은 자충 때
문에 여전히 A에 둘 수 없습니다.

## 2도(실패 1)

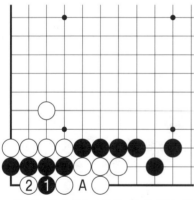

흑1로 단수치는 것은 백이 2로 집
어넣어 흑의 불리한 수상전이 됩
니다. 이후 흑은 A에 두어 불리한
패를 할 수밖에 없습니다.

## 3도(실패 2)

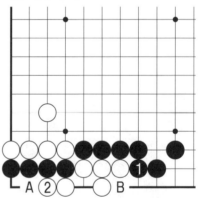

흑1로 수를 메우는 것은 백2로 공격
해서 흑의 실패입니다. 이후 흑은 자
충 때문에 A나 B에 둘 수 없습니다.

흑●와 백◎가 수상전을 벌이고 있습니다. 흑이 수상전에서 승리하려면 어떻게 두어야 할까요?

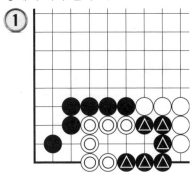

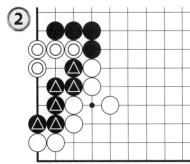

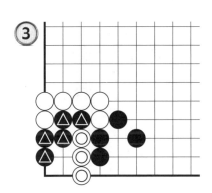

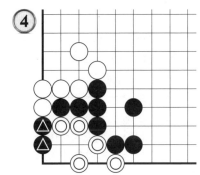

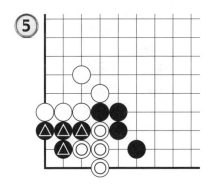

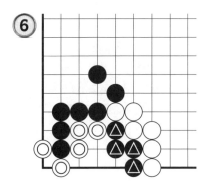

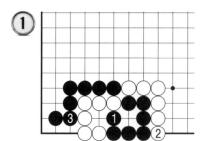

흑1로 집을 만드는 것이 정답입니다. 백2 때 흑3이면 흑의 승리입니다.

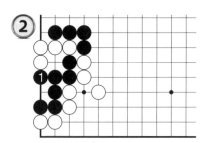

흑1로 집을 만들면 백은 자충이 되어 단수를 칠 수 없습니다.

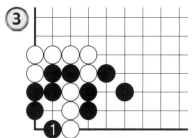

흑1로 집을 만드는 것이 정답입니다. 백은 자충이 되어 단수를 칠 수 없습니다.

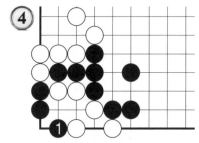

흑1로 집을 만드는 것이 정답입니다. 백은 자충이 되어 단수를 칠 수 없습니다.

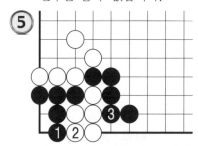

흑1로 집을 만들어야 합니다. 백2 때 흑3이면 흑의 승리입니다.

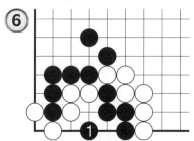

흑1로 집을 만들면 백은 자충이 되어 단수를 칠 수 없습니다.

흑▲와 백◎가 수상전을 벌이고 있습니다. 흑이 수상전에서 승리하려면 어떻게 두어야 할까요?

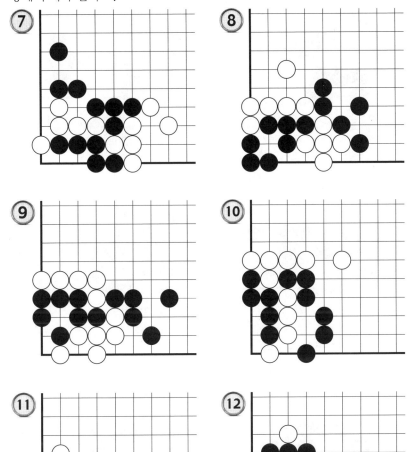

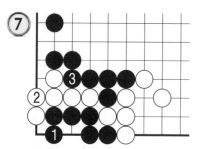

흑1로 보강해야 합니다. 백2로 이을 때 흑3으로 수를 줄이면 수상전은 흑의 승리입니다.

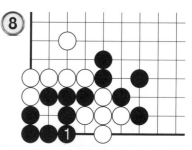

흑1로 보강해서 백이 패를 집어넣어 단수치지 못하도록 방해해야 합니다.

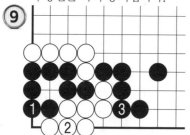

흑1이 정답. 백이 2로 이을 때 흑3으로 수를 줄이면 수상전은 흑의 승리입니다.

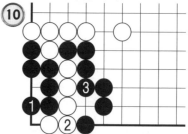

흑1이 정답. 백이 2로 이을 때 흑3으로 수를 줄이면 수상전은 흑의 승리입니다.

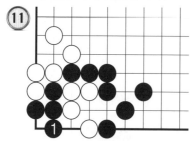

흑1로 집을 만들어야 합니다. 백은 자충이 되어 단수를 칠 수 없습니다.

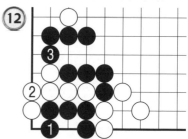

흑1로 집을 만들어야 합니다. 백2로 이을 때 흑3으로 수를 줄이면 수상전은 흑의 승리입니다.

흑과 백이 수상전을 벌이고 있습니다. 흑이 유가무가를 이용해서 승리하려면 어떻게 두어야 할까요?

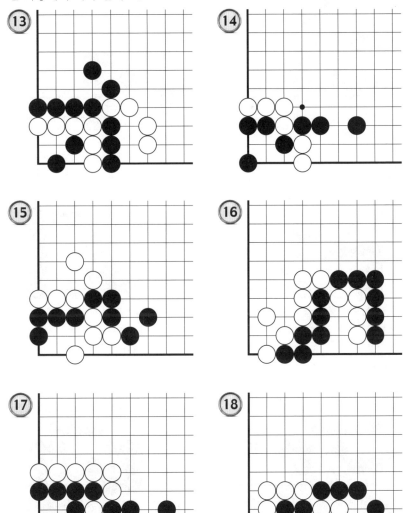

# 연습문제 13~18 정답

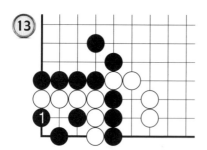

흑1로 집을 만들어야 합니다. 백은 자충이 되어 단수를 칠 수 없습니다.

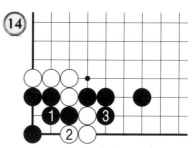

흑1로 집을 만들어야 합니다. 백2로 공격할 때 흑3으로 수를 줄이면 백은 자충이 되어 단수를 칠 수 없습니다.

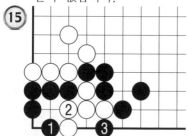

흑1로 집을 만들어야 합니다. 백이 환격을 피해 2로 이을 때 흑3으로 수를 줄이면 백은 자충이 되었습니다.

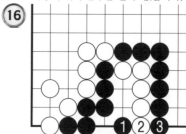

흑1로 집을 만들어야 합니다. 백2로 잇는다면 흑은 손을 빼도 백을 잡을 수 있습니다. 백은 자충이 되어 단수를 칠 수 없습니다.

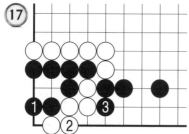

흑1로 집을 만들어야 합니다. 백2 때 흑3으로 수를 줄이면 백은 자충이 되었습니다.

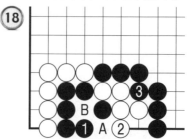

흑1로 집을 만들어야 합니다. 백2 때 흑3으로 수를 줄이면 백은 자충이 되어 단수칠 수 없습니다. 흑1로 A는 백이 B로 먹여쳐서 백의 승리입니다.

흑과 백이 수상전을 벌이고 있습니다. 흑이 유가무가를 이용해서 승리하려면 어떻게 두어야 할까요?

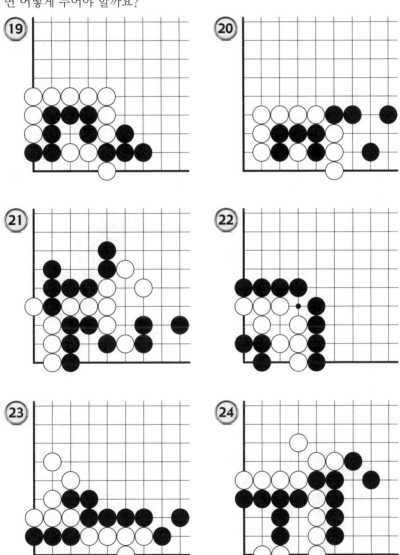

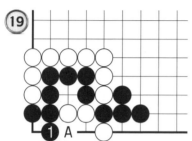

흑1이면 유가무가가 되어 흑의 승리. 흑1로 A에 젖히면 백이 1의 곳으로 먹여쳐서 실패.

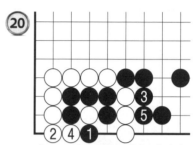

흑1로 집을 만들어야 합니다. 백2·4 때 흑3·5로 수를 줄이면 백은 자충이 되었습니다.

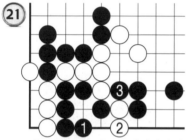

흑1이 정답. 백2로 내려선다면 흑3으로 끊어서 흑의 승리입니다. 백은 자충이 되었습니다.

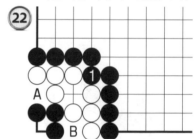

흑1로 두어 백을 자충으로 유도해야 합니다. 백은 자충이 되어 A나 B 어느 곳으로도 단수칠 수 없습니다.

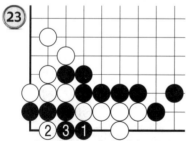

흑1로 젖혀 백의 집을 없애야 합니다. 백2로 공격해도 흑3으로 잇고 나면 백은 자충이 되어 단수칠 수 없습니다.

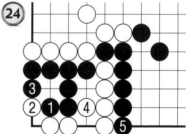

흑1·3으로 집을 만들면 백4로 수를 메워도 흑5까지 백이 자충이 되어 수상전은 흑의 승리가 됩니다.

흑과 백이 수상전을 벌이고 있습니다. 흑이 유가무가를 이용해서 승리하려
면 어떻게 두어야 할까요?

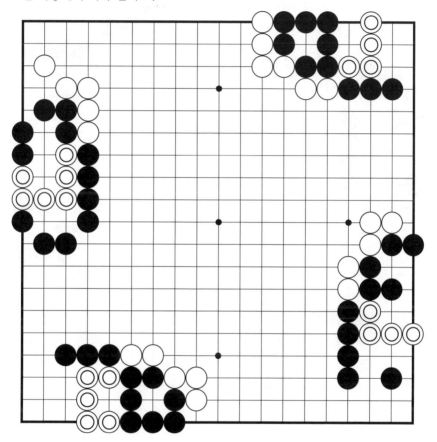

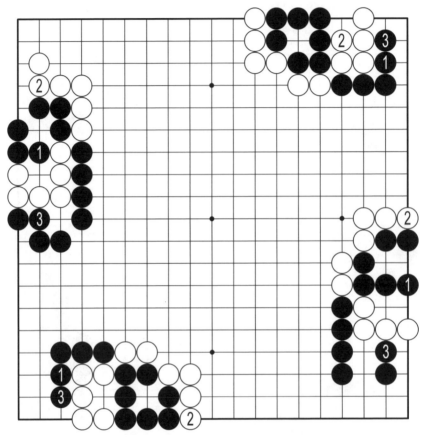

흑1 · 3으로 두면 백을 유가무가로 만들어 수상전에서 각각 승리할 수 있습니다.

흑과 백이 수상전을 벌이고 있습니다. 흑이 유가무가를 이용해서 승리하려
면 어떻게 두어야 할까요?

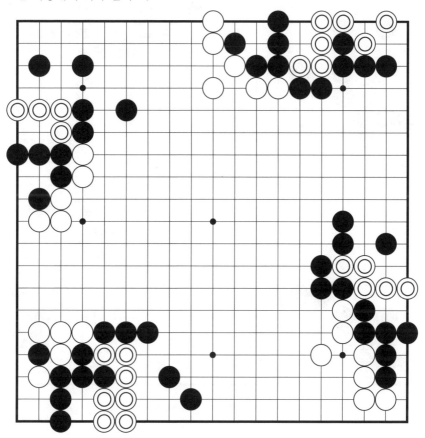

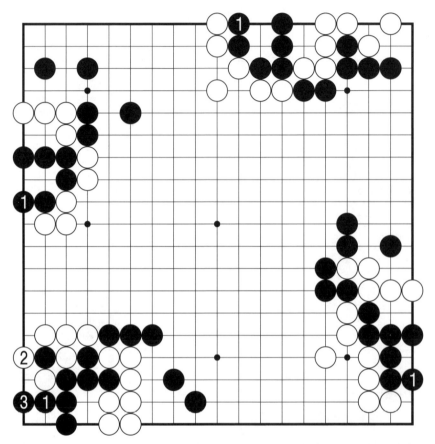

흑1로 두어 집을 만들면 백을 유가무가로 만들어 수상전에서 각각 승리할
수 있습니다.

# 제14장 좋은 모양, 나쁜 모양

바둑을 잘 두기 위해서는 좋은 모양과 나쁜 모양을 구별할
줄 알아야 합니다. 이 장을 통해서는 활로를 늘리고자 할
때 좋은 모양으로 활로를 넓히는 방법에 대해서 공부하겠
습니다.

## 장면도 1

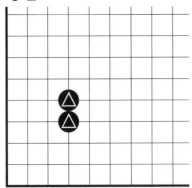

흑⬤ 두점은 활로가 6개입니다. 흑이 두점의 활로를 더욱더 넓히고자 한다면 어떻게 두어야 하는지 알아보겠습니다.

## 1도(한칸 뜀)

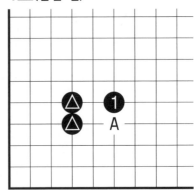

흑⬤처럼 두점이 연결되어 있는 경우라면 흑1(또는 A)로 한칸 뛰어서 활로를 넓히는 것이 좋은 방법입니다.

## 2도(튼튼한 흑돌)

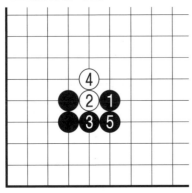

흑1로 한칸 뛰었을 때 백이 흑의 활로를 끊겠다고 2로 끼우는 것은 대악수입니다. 흑이 3으로 단수친 후 5에 이으면 흑은 모두 연결되어 튼튼한 돌이 됩니다.

## 3도(빈삼각)

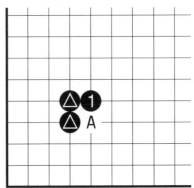

흑이 한칸 뛰어서 활로를 넓히지 않고 1처럼 두는 것은 좋지 않습니다. 흑1처럼 두는 수를 가리켜 빈삼각이라고 부르는데 그 이유는 A의 곳이 비어 있는 삼각형 모양이라고 해서 붙여진 이름입니다.

## 장면도 2

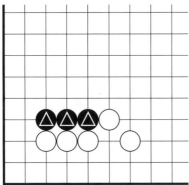

흑은 흑● 석점의 활로를 넓혀서 빨리 도망쳐야 합니다. 그렇다면 이 경우 어떤 방법으로 활로를 넓히는 것이 좋을까요?

## 1도 (한칸 뜀)

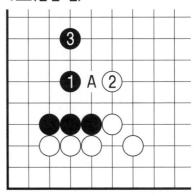

흑1로 한칸 뛰어서(또는 A) 활로를 넓히는 것이 좋습니다. 백2로 추격해 오면 재차 흑3으로 한칸 뛰어 멀리 달아날 수 있습니다.

## 2도 (빈삼각)

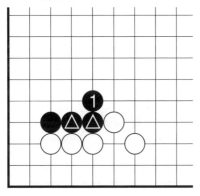

흑1처럼 연결해서 두는 것은 좋지 않습니다. 흑● 두점과 연관해서 흑1이 빈삼각 모양을 이루고 있기 때문입니다. 빈삼각은 대표적인 나쁜 모양입니다.

## 3도 (삿갓형)

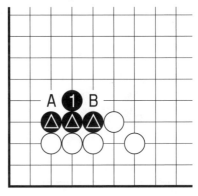

흑1은 더욱 나쁜 수입니다. 흑1은 흑●와 연관해서 A와 B에 빈삼각을 2개나 만들고 있습니다. 흑 모양은 삿갓처럼 생겼다고 해서 삿갓형이라고 부르고 있습니다.

## 장면도 3

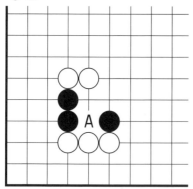

흑은 A의 곳에 끊기는 약점을 보강해야 합니다. 그렇다면 이 경우 흑이 어떤 방법으로 약점을 보강하는 것이 좋은 모양일까요?

## 1도(쌍립 모양)

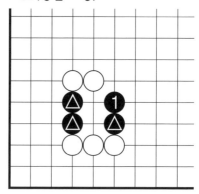

흑1로 보강하는 것이 좋은 모양입니다. 흑1은 흑● 돌들과 호응해서 나란히 서 있다고 해서 쌍립이라고 부릅니다.

## 2도(절단 불가능)

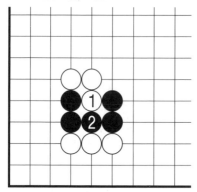

쌍립 모양은 상대방이 아무리 끊으려고 해도 끊기지 않습니다. 백1로 절단을 시도해도 흑이 2로 이으면 그만이기 때문입니다.

## 3도(빈삼각)

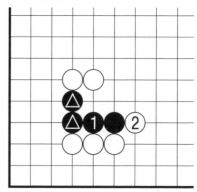

흑이 쌍립 모양으로 연결하지 않고 흑1처럼 잇는 것은 좋지 않습니다. 흑1은 흑● 두점과 연관해서 빈삼각 모양을 만들고 있습니다.

흑1이 좋은 모양이면 ○표, 나쁜 모양이면 ×표 하세요.

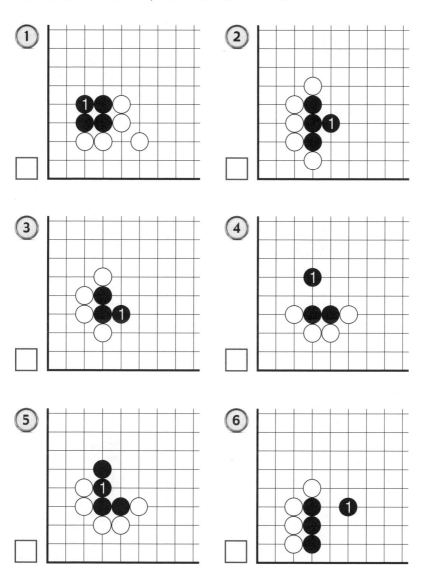

# 연습문제 1~6 정답

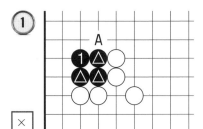

①

흑1은 일명 멍텅구리 사궁으로 불리는 나쁜 모양입니다. 흑1은 흑▲ 석점의 활로를 넓히는 데 큰 도움을 주지 못하고 있습니다. 흑1로는 A가 정수입니다.

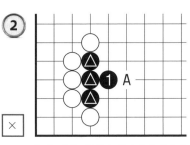

②

흑1은 흑▲ 석점과 연관해서 빈삼각을 2개나 만들고 있으므로 나쁜 모양입니다. 흑1로는 A가 정수입니다.

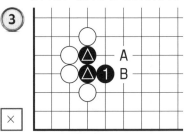

③

흑1은 흑▲ 두점과 연관해서 빈삼각 모양을 만들고 있으므로 나쁜 모양입니다. 흑1로는 A나 B가 정답입니다.

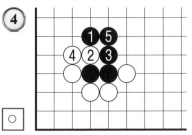

④

흑1은 흑돌의 활로를 넓히는 좋은 수입니다. 백2로 절단을 시도해도 흑은 3으로 단수친 후 5에 연결해서 튼튼한 돌을 만들 수 있습니다.

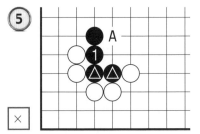

⑤

흑1은 흑▲ 두점과 연관해서 빈삼각 모양을 만들고 있으므로 나쁜 모양입니다. 흑1로는 A의 쌍립이 정답입니다.

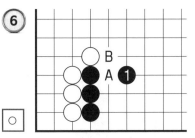

⑥

흑1은 흑돌의 활로를 넓히는 좋은 수입니다. 이후 백이 A에 끼우면 흑B로 단수쳐서 축이 됩니다.

흑● 석점이 나쁜 모양이 되지 않도록 한칸 뛰어 활로를 넓히려면 어떻게 두어야 할까요?

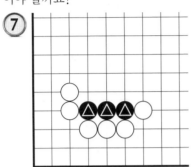

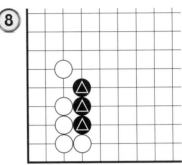

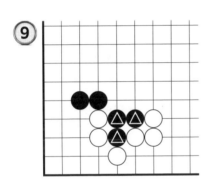

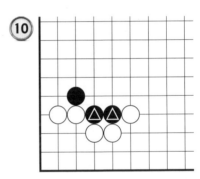

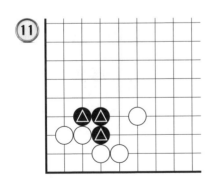

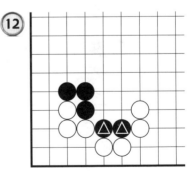

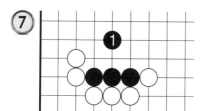

흑1로 한칸 뛰는 것이 흑돌의 활로를 넓히는 좋은 수입니다.

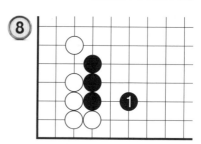

흑1로 한칸 뛰는 것이 흑돌의 활로를 넓히는 좋은 수입니다.

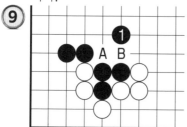

흑1로 한칸 뛰는 것이 흑돌의 활로를 넓히는 좋은 수입니다. 이후 백이 A의 곳을 끊으면 흑B로 단수쳐서 축이 됩니다.

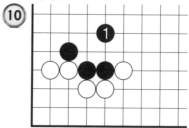

흑1로 한칸 뛰는 것이 흑돌의 활로를 넓히는 좋은 수입니다.

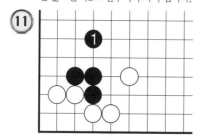

흑1로 한칸 뛰는 것이 흑돌의 활로를 넓히는 좋은 수입니다.

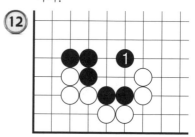

흑1로 한칸 뛰는 것이 흑돌의 활로를 넓히는 좋은 수입니다.

# 제15장 단수쳐서 나쁜 모양 만들기

빈삼각이나 삿갓형이 나쁜 모양이라면 상대방 돌을 빈삼
각이나 삿갓형 모양으로 만들 수 있다면 유리한 결과를 이
끌어 낼 수 있을 것입니다. 이 장을 통해서는 단수를 통해
상대방을 나쁜 모양으로 유도하는 방법에 대해서 공부하
겠습니다.

## 장면도 1

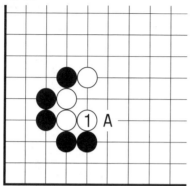

백이 1로 두어서 활로를 넓힌 장면입니다(백1로는 A에 한간 뛰는 것이 정수). 이 경우 흑은 어떤 방법으로 두어야 할까요?

## 1도(백, 뭉친 모양)

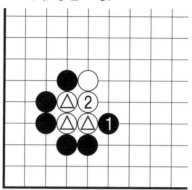

흑1로 단수치는 것이 좋은 수입니다. 백은 2로 연결할 수밖에 없는데 백△ 석점과 연관해서 멍텅구리 사궁 모양이 되었습니다. 이처럼 똘똘 뭉친 형태가 되면 매우 좋지 않습니다.

## 2도(백의 보강)

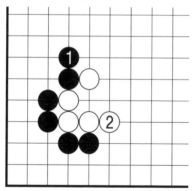

흑1로 뻗는 것도 급소이긴 하지만 급소를 외면한 수입니다. 백은 시급하게 2로 뻗어서 뭉친 모양이 되는 것을 피해야 합니다.

## 3도(백의 차선책)

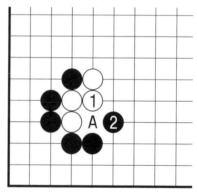

장면도에서 백A로 둔 수로는 차라리 1로 잇는 것이 낫습니다. 백1 때 흑2로 둔다고 가정해 보면 1도의 형태는 백1, 흑2 때 백이 A의 곳에 둔 꼴입니다.

## 상면도 2

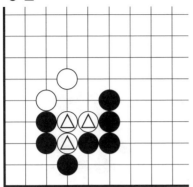

흑이 백△ 석점을 잡을 수는 없지
만 뭉친 모양으로 만들 수만 있다
면 그 이상의 효과를 거둘 수 있습
니다. 흑이 백을 뭉친 모양으로 만
드는 방법은 무엇일까요?

## 1도(먹여치기)

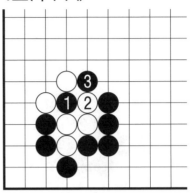

백을 뭉친 모양으로 만들기 위해
서는 흑1로 집어넣어야 합니다. 백
2로 따낼 수밖에 없을 때 흑3으로
단수칩니다.

## 2도(뭉친 모양)

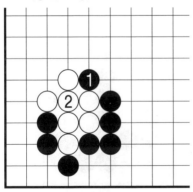

1도 이후 흑1로 단수치면 백은 2
로 연결할 수밖에 없는데 백 전체
가 포도송이처럼 똘똘 뭉친 모양
이 되었습니다.

## 3도(흑, 실패)

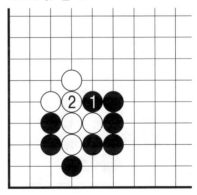

흑1로 단수쳐서 백2로 잇게 하는
것은 2도에 비해 그 위력이 떨어
집니다. 백 모양은 2도에 비해 그
리 뭉친 모양이 아닙니다.

## 익힘문제

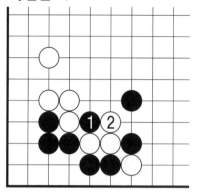

흑1로 단수치자 백이 2로 보강한 장면입니다. 계속해서 흑이 백을 똘똘 뭉친 형태로 유도하려면 어떻게 두어야 할까요?

## 1도 (정답)

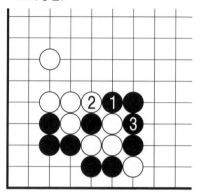

죽는 것을 각오하고 흑1로 단수치는 것이 정답입니다. 백2로 따낼 때 흑3으로 단수치는 것이 중요합니다.

## 2도 (뭉친 모양)

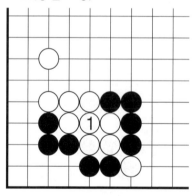

1도 이후 백은 1로 연결할 수밖에 없는데 전체가 포도송이처럼 똘똘 뭉친 형태가 되었습니다.

## 3도 (실패)

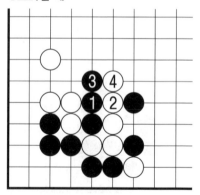

한점을 살리기 위해 흑1·3으로 달아나는 것은 좋지 않습니다. 백2·4로 돌파하면 좌우 흑이 분단되어 흑은 매우 불리한 형태가 됩니다.

백△를 나쁜 모양으로 만들려면 어떻게 두어야 할까요?

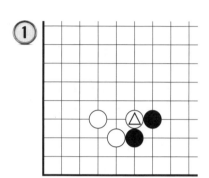

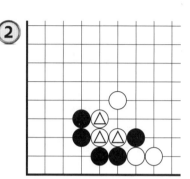

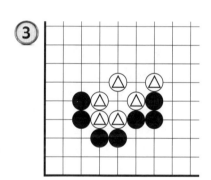

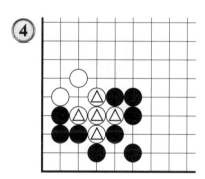

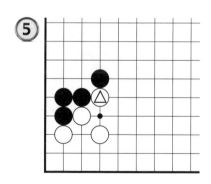

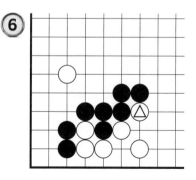

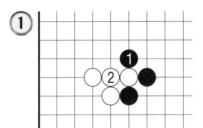

흑1로 단수치면 백이 2로 잇
는 형태가 똘똘 뭉친 빈삼각
모양이 됩니다.

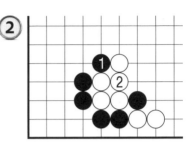

흑1로 단수치면 백이 2로 잇
는 형태가 똘똘 뭉친 멍텅구
리 사궁 모양이 됩니다.

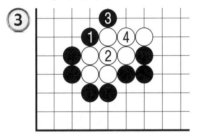

흑1·3으로 단수치면 백이
2·4로 잇는 형태가 똘똘 뭉
친 나쁜 모양이 됩니다.

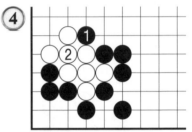

흑1로 단수치면 백이 2로 잇
는 형태가 똘똘 뭉친 나쁜 모
양이 됩니다.

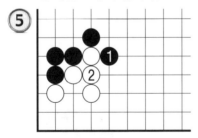

흑1로 단수치면 백이 2로 잇
는 형태가 똘똘 뭉친 빈삼각
모양이 됩니다.

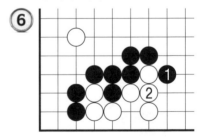

흑1로 단수치면 백이 2로 잇
는 형태가 똘똘 뭉친 빈삼각
모양이 됩니다.

백⚪를 나쁜 모양으로 만들려면 어떻게 두어야 할까요?

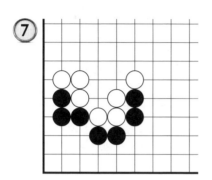

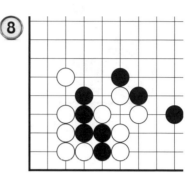

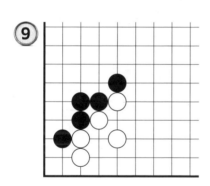

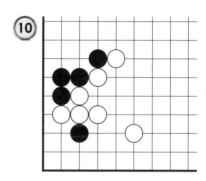

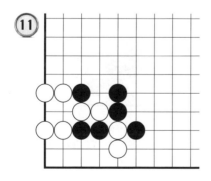

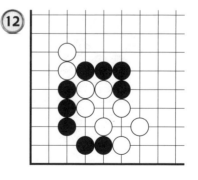

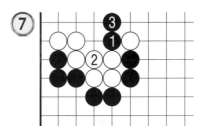

흑1로 단수치면 백이 2로 잇는 형태가 똘똘 뭉친 멍텅구리 사궁 모양이 됩니다.

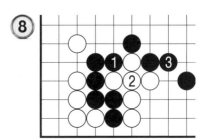

흑1로 단수치면 백이 2로 잇는 형태가 똘똘 뭉친 나쁜 모양이 됩니다.

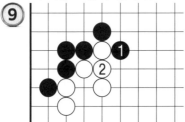

흑1로 단수치면 백이 2로 잇는 형태가 똘똘 뭉친 빈삼각 모양이 됩니다.

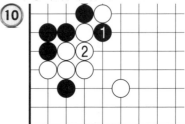

흑1로 단수치면 백이 2로 잇는 형태가 똘똘 뭉친 나쁜 모양이 됩니다.

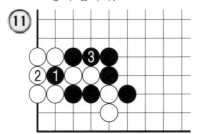

흑1·3으로 단수치면 백이 2·4로 잇는 형태가 똘똘 뭉친 나쁜 모양이 됩니다. (백 4…흑1)

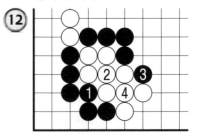

흑1·3으로 단수치면 백이 2·4로 잇는 형태가 똘똘 뭉친 나쁜 모양이 됩니다.

# 연습문제 13~18

백을 뭉친 모양으로 만들 수 있는 방법이 있습니다. 흑이 어떻게 두면 백이 뭉친 모양이 될까요?

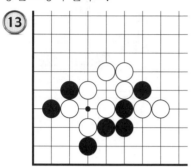

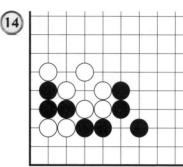

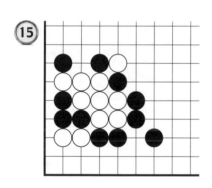

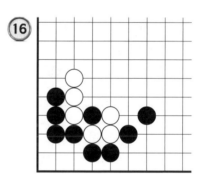

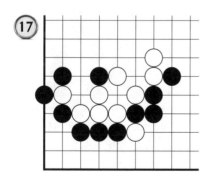

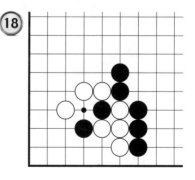

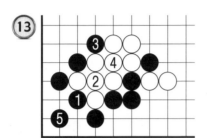

흑1·3으로 단수치면 백이 2·4로 잇는 형태가 똘똘 뭉친 나쁜 모양이 됩니다.

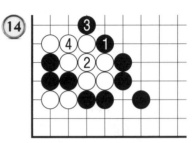

흑1·3으로 단수치면 백이 2·4로 잇는 형태가 똘똘 뭉친 나쁜 모양이 됩니다.

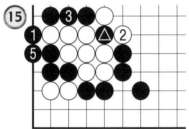

흑1·3으로 단수치면 백이 2·4로 잇는 형태가 똘똘 뭉친 나쁜 모양이 됩니다. (백4…흑◎)

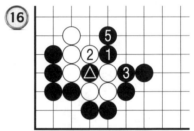

흑1·3으로 단수치면 백이 2·4로 잇는 형태가 똘똘 뭉친 나쁜 모양이 됩니다. (백4…흑◎)

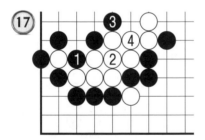

흑1·3으로 단수치면 백이 2·4로 잇는 형태가 똘똘 뭉친 나쁜 모양이 됩니다.

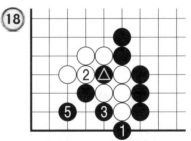

흑1·3으로 단수치면 백이 2·4로 잇는 형태가 똘똘 뭉친 나쁜 모양이 됩니다. (백4…흑◎)

# 연습문제 19~24

먹여치기를 이용해서 백△를 뭉친 모양으로 만들어 보세요. (3~5수 표시)

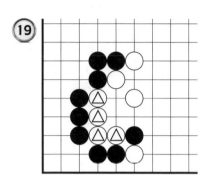

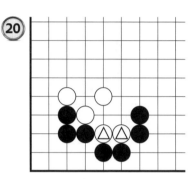

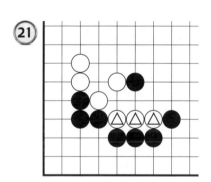

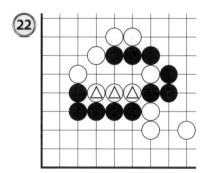

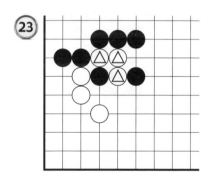

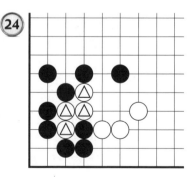

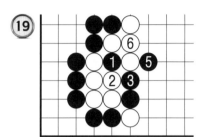

**19**

흑1·3·5로 단수치면 백이 2·4·6으로 잇는 형태가 똘똘 뭉친 나쁜 모양이 됩니다. (백4…흑1)

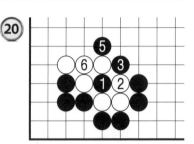

**20**

흑1·3·5로 단수치면 백이 2·4·6으로 잇는 형태가 똘똘 뭉친 나쁜 모양이 됩니다. (백4…흑1)

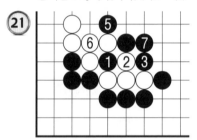

**21**

흑1·3·5로 단수치면 백이 2·4·6으로 잇는 형태가 똘똘 뭉친 나쁜 모양이 됩니다. (백4…흑1)

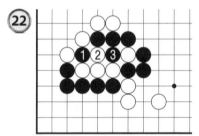

**22**

흑1·3으로 단수치면 백이 2·4로 잇는 형태가 똘똘 뭉친 나쁜 모양이 됩니다. (백4…흑1)

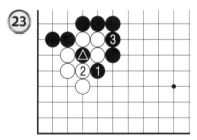

**23**

흑1·3으로 단수치면 백이 2·4로 잇는 형태가 똘똘 뭉친 나쁜 모양이 됩니다. (백4…흑●)

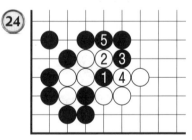

**24**

흑1·3·5로 단수치면 백이 2·4·6으로 잇는 형태가 똘똘 뭉친 나쁜 모양이 됩니다. (백6…흑1)

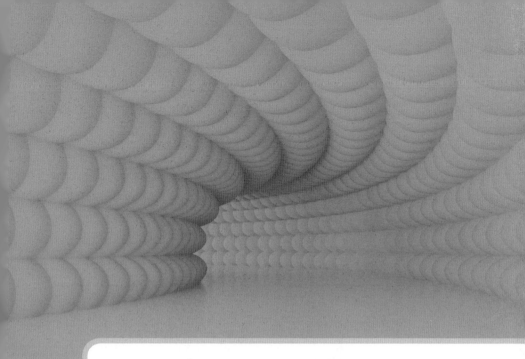

# 제16장 옥집과 사활

상대방을 둘러싸서 공격하거나 또는 상대방에게 둘러싸여
공격받았을 때 나누어진 두집을 만들 수 있느냐 없느냐가
무척 중요합니다. 그런데 집을 만들더라도 진짜집을 만들
어야지 가짜집을 만들어서는 아무런 소용이 없습니다. 이
장을 통해서는 가짜집인 옥집에 대해서 공부하도록 하겠
습니다.

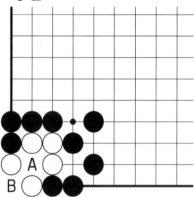

흑에게 둘러싸인 백은 A와 B에 나누어진 두집을 갖고 있는 것처럼 보입니다. 그렇다면 흑이 이 백을 잡는 것을 포기해야 할까요?

## 1도(가짜집)

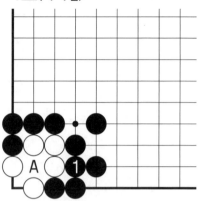

A의 곳은 흑이 1로 둘 경우 단수가 됩니다. 결국 흑이 A에 두어 백을 따낼 수 있으므로 A의 곳은 진짜집이 아닙니다. 이와 같이 공배가 메워질 경우 이어야 되는 집을 가리켜 옥집이라고 부릅니다.

## 2도(백의 사활)

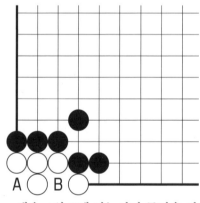

백은 A와 B에 나누어진 두집을 갖고 있습니다. 그런데 A의 곳은 진짜집이지만 B의 곳은 공배가 메워질 경우 착수 가능한 곳으로 바뀝니다.

## 3도(옥집)

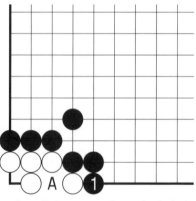

결국 흑은 1로 둔 후 A에 따낼 수 있으므로 A의 곳이 옥집이라는 결론입니다.

## 익힘문제 1

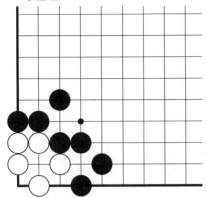

백은 나누어진 두집의 형태를 취하고 있습니다. 그러나 흑이 두 곳의 백집 중 하나라도 옥집으로 만들 수 있다면 전체 백을 잡을 수 있습니다. 흑이 백을 옥집으로 만드는 방법은 무엇일까요?

## 1도(정답)

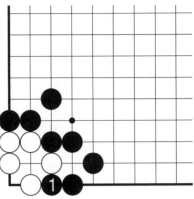

흑1로 두면 두 곳의 백집 중 한 곳을 옥집으로 만드는 급소입니다.

## 2도(옥집)

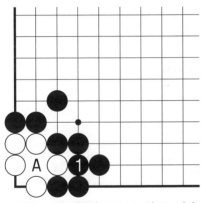

A의 곳은 흑이 1로 공배를 메울 경우 단수가 됩니다. 결국 집이 1개밖에 없는 백은 죽음을 맞이해야 합니다.

## 3도(실패)

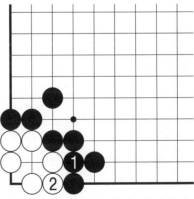

흑1로 두는 것은 나쁜 수입니다. 백은 2로 보강해서 옥집이 되는 것을 막아야 합니다. 이제 흑이 백집을 옥집으로 만들 수 있는 방법은 없습니다.

## 익힘문제 2

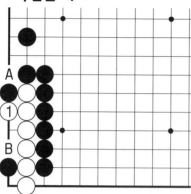

백이 1로 단수친 장면입니다. 계속
해서 흑이 백 전체를 잡으려면 A
와 B 중 어느 곳에 두어야 할까요?

## 1도 (정답)

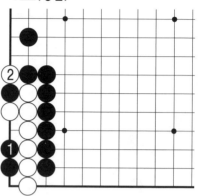

단수된 흑 한점은 신경쓰지 말고
흑1로 파호해야 합니다. 백2로 따
낸다면 백은 이 자체로 죽어 있습
니다.

## 2도 (백의 옥집)

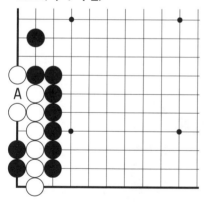

1도 이후 백이 흑 한점을 따낸 형
태입니다. A의 곳은 뒤의 공배가
메워질 경우 단수가 되므로 이어
야 합니다. 결국 A의 곳이 옥집이
라는 결론입니다.

## 3도 (실패)

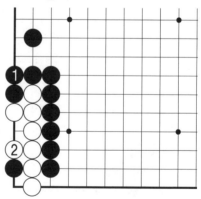

한점 잡히는 것을 두려워한 나머지
흑1로 잇는 것은 큰 실수입니다. 백
은 2로 단수쳐서 나누어진 두집을
만들 수 있습니다.

A의 곳이 옥집이면 ○표, 옥집이 아니면 ×표 하세요.

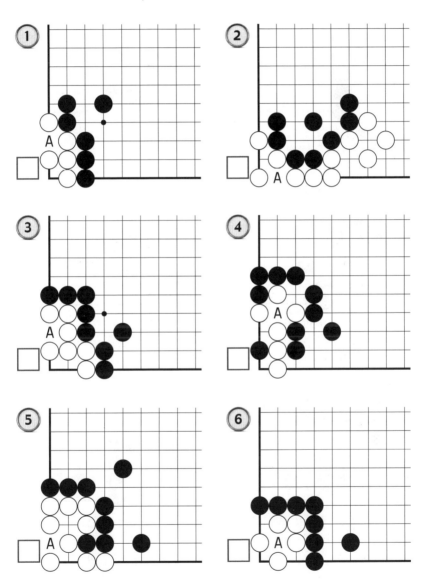

# 연습문제 1~6 정답

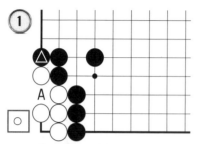

흑●에 돌이 놓이면 A의 곳에 두어 백을 따낼 수 있으므로 옥집입니다.

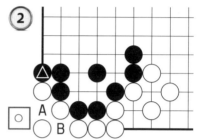

흑●에 돌이 놓이면 A의 곳에 두어 따낼 수 있으며 B의 곳도 단수가 되므로 백은 옥집입니다.

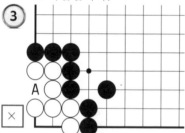

A의 곳은 흑이 어떤 방법을 동원해도 단수칠 수 없으므로 옥집이 아닙니다.

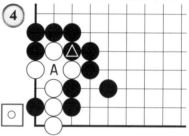

흑●에 돌이 놓이면 A의 곳에 두어 백을 따낼 수 있으므로 옥집입니다.

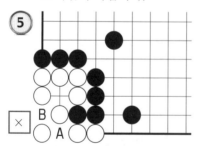

A의 곳은 옥집이지만 B의 곳은 흑이 단수칠 수 없으므로 옥집이 아닙니다.

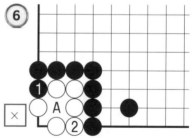

흑1로 둘 때 백2로 보강하면 A의 곳을 옥집으로 만들 수 없으므로 옥집이 아닙니다.

A의 곳이 옥집이면 ○표, 옥집이 아니면 ×표 하세요.

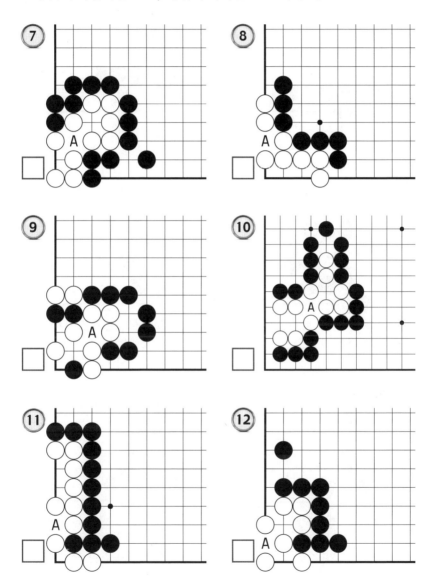

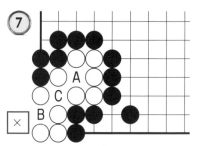

A와 B의 곳이 옥집이 아니므로 C의 곳도 자동적으로 옥집이 아닙니다.

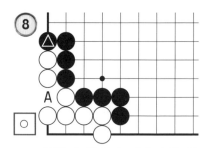

흑▲에 돌이 놓이면 A의 곳에 두어 백을 따낼 수 있으므로 옥집입니다.

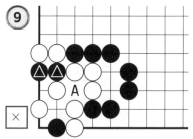

흑▲ 두점이 잡혀 있으므로 A의 곳을 옥집으로 만들 수 없습니다.

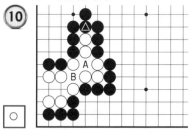

흑▲에 돌이 놓이면 A의 곳으로 백을 따낼 수 있고 또한 B의 곳도 단수가 되므로 옥집입니다.

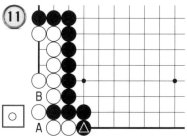

흑▲에 돌이 놓이면 A의 곳으로 백을 따낼 수 있고 또한 B의 곳도 단수가 되므로 옥집입니다.

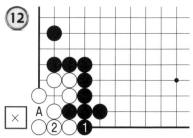

흑1로 둘 때 백이 2로 이으면 흑은 A에 둘 수 있는 방법이 없으므로 옥집이 아닙니다.

# 연습문제 13~18

흑이 백을 옥집으로 만들어서 잡으려면 어느 곳에 두어야 할까요?

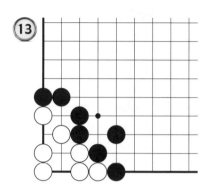

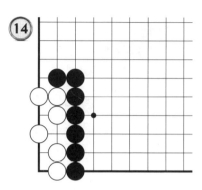

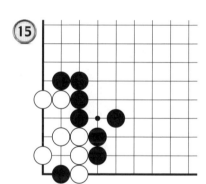

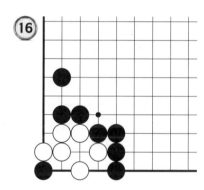

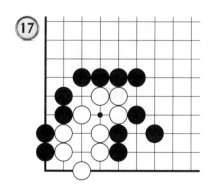

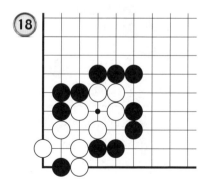

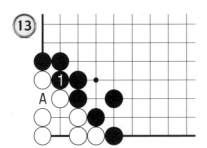

흑1로 두면 A의 곳을 옥집으로 만들어 백을 잡을 수 있습니다.

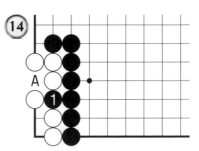

흑1로 두면 A의 곳을 옥집으로 만들어 백을 잡을 수 있습니다.

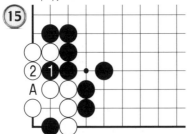

흑1로 두면 백이 2로 막아도 A의 곳을 옥집으로 만들 수 있습니다.

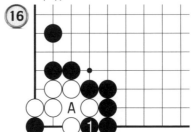

흑1로 두면 A의 곳을 옥집으로 만들어 백을 잡을 수 있습니다.

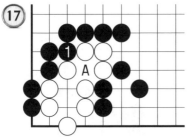

흑1로 두면 A의 곳을 옥집으로 만들어 백을 잡을 수 있습니다.

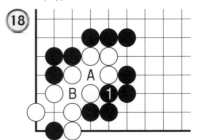

흑1로 두면 A의 곳이 옥집이 되고 B의 곳도 자동적으로 옥집이 됩니다.

흑이 옥집을 피해서 살려면 어느 곳에 두어야 할까요?

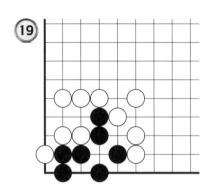

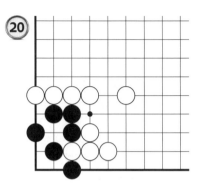

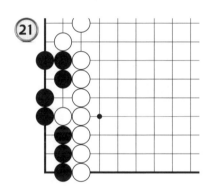

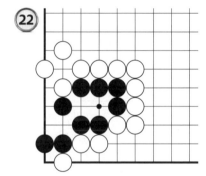

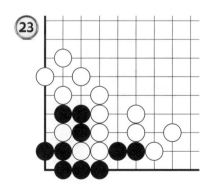

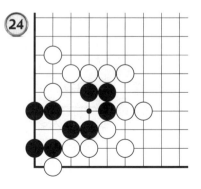

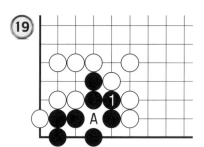

흑1로 두어야 A의 곳이 옥집
이 되는 것을 막을 수 있으므
로 살 수 있습니다.

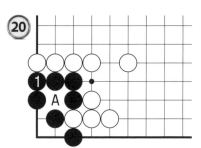

흑1로 두어야 A의 곳이 옥집
이 되는 것을 막을 수 있으므
로 살 수 있습니다.

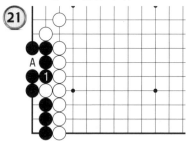

흑1로 두어야 A의 곳이 옥집
이 되는 것을 막을 수 있으므
로 살 수 있습니다.

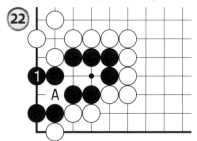

흑1로 두어야 A의 곳이 옥집
이 되는 것을 막을 수 있으므
로 살 수 있습니다.

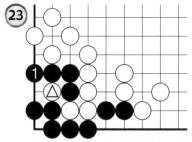

흑1로 두어야 백△의 곳이
옥집이 되는 것을 막을 수 있
으므로 살 수 있습니다.

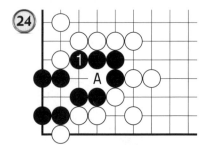

흑1로 두어야 A의 곳이 옥집
이 되는 것을 막을 수 있으므
로 살 수 있습니다.

# 제17장 먹여쳐서 옥집 만들기

먹여치기는 상대방 집을 옥집으로 만드는 유력한 방법 중 하나입니다. 이 장을 통해서는 상대방 집을 먹여쳐서 옥집 으로 만드는 방법을 공부하도록 하겠습니다.

## 장면도 1

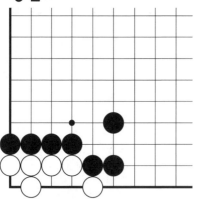

흑에게 둘러싸인 백은 나누어진 두집의 형태를 취하고 있지만 아직 완벽한 것은 아닙니다. 흑은 어떤 방법으로 백을 공격해야 할까요?

## 1도(먹여치기)

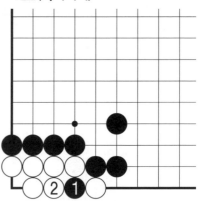

잡히는 줄 알면서 흑1로 먹여치는 것이 정답입니다. 백2로 따낸 이후 어떤 결과가 이루어졌는지 알아보겠습니다.

## 2도(옥집)

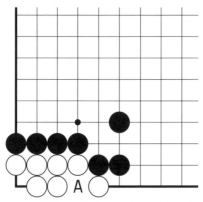

1도 이후 백은 흑 한점을 따냈지만 돌을 따낸 A의 곳이 옥집으로 변했습니다. 결국 백 전체가 잡혔다는 결론입니다.

## 3도(실패)

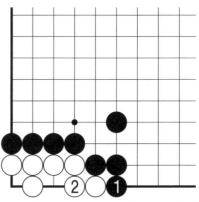

먹여쳐서 공격하는 방법을 알지 못하면 흑1로 단수치기 십상입니다. 그러나 백2로 이으면 백은 완벽하게 나누어진 두집을 마련할 수 있습니다.

## 장면도 2

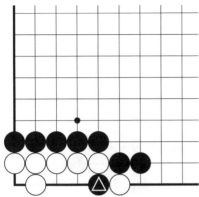

흑▲ 한점이 먹여쳐 있는 모습입니다. 이 형태에서 흑이 백을 잡을 수 있는 방법을 연구해 보기로 합니다.

## 1도(두점 먹여치기)

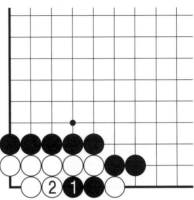

흑은 1로 들어가서 백으로 하여금 두점으로 따내게 하는 것이 좋은 공격법입니다. 백2로 따낸 이후의 형태를 살펴보도록 하겠습니다.

## 2도(먹여치기)

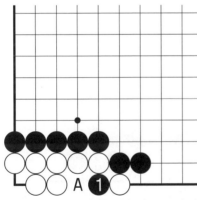

백이 두점을 따낸 이후 흑1로 먹여치면 백은 A로 따내더라도 옥집을 면할 수 없습니다.

## 3도(실패)

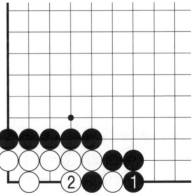

흑1로 따내면 백은 2로 막아서 알기 쉽게 두집을 장만할 것입니다.

## 장면도 3

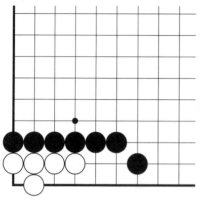

흑이 귀의 백을 공격하는 방법을 연구해 보도록 하겠습니다. 흑은 먹여치기 기술을 응용할 수 있어야 백을 잡을 수 있습니다.

## 1도(흑의 정수)

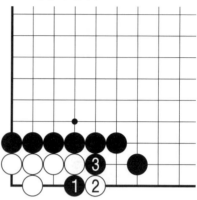

흑1로 1선에 붙이는 것이 좋은 공격법입니다. 백2로 단수친다면 흑3으로 끊어서 먹여친 형태가 되어 백은 옥집을 면할 수 없습니다.

## 2도(두점 먹여치기)

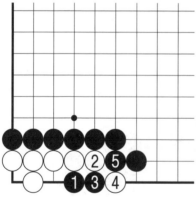

흑1 때 백2로 물러선다면 흑3으로 기어 나가는 것이 좋습니다. 백4로 단수칠 수밖에 없을 때 흑5로 끊으면 두점 먹여치기 형태가 되어 백은 옥집을 피할 수 없습니다.

## 3도(실패)

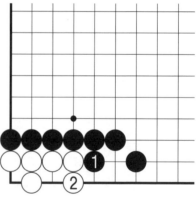

평범하게 흑1로 막으면 백은 2로 내려서서 완벽한 두집을 장만할 것입니다.

백을 옥집으로 만들어서 공격하려면 흑은 어느 곳에 두어야 할까요?

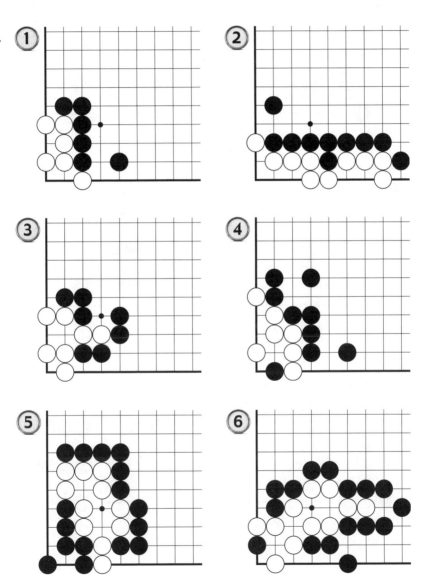

# 연습문제 1~6 정답

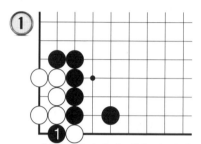

흑1로 먹여치면 백은 옥집이
되어 살 수 없습니다.

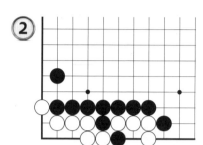

흑1로 먹여치면 백은 옥집이
되어 살 수 없습니다.

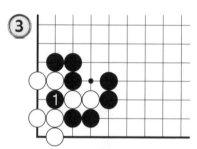

흑1로 먹여치면 백은 옥집이
되어 살 수 없습니다.

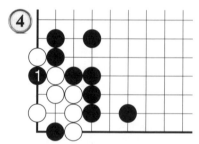

흑1로 먹여치면 백은 옥집이
되어 살 수 없습니다.

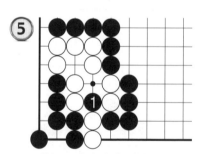

흑1로 먹여치면 백은 옥집이
되어 살 수 없습니다.

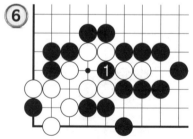

흑1로 먹여치면 백은 옥집이
되어 살 수 없습니다.

백을 옥집으로 만들어서 공격하려면 흑은 어느 곳에 두어야 할까요?

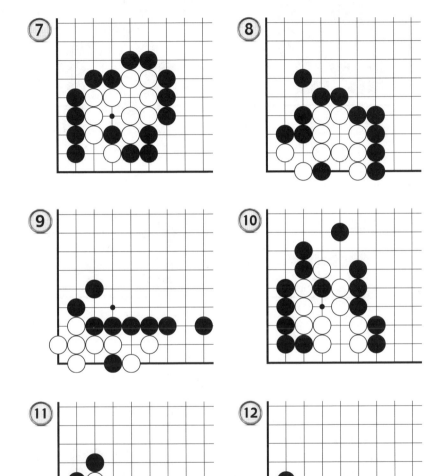

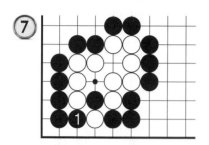

흑1로 끊으면 백은 옥집이
되어 살 수 없습니다.

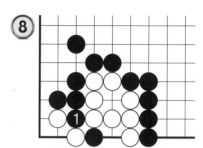

흑1로 끊으면 백은 옥집이
되어 살 수 없습니다.

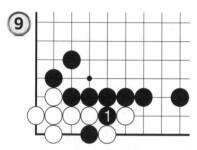

흑1로 끊으면 백은 옥집이
되어 살 수 없습니다.

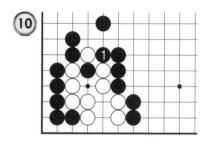

흑1로 끊으면 백은 옥집이
되어 살 수 없습니다.

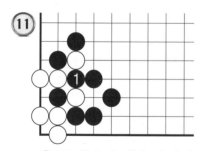

흑1로 끊으면 백은 옥집이
되어 살 수 없습니다.

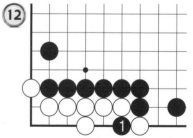

흑1로 두면 백은 옥집이 되
어 살 수 없습니다.

두점 먹여치기를 이용해서 백을 옥집으로 만들려면 어느 곳에 두어야 할까요?

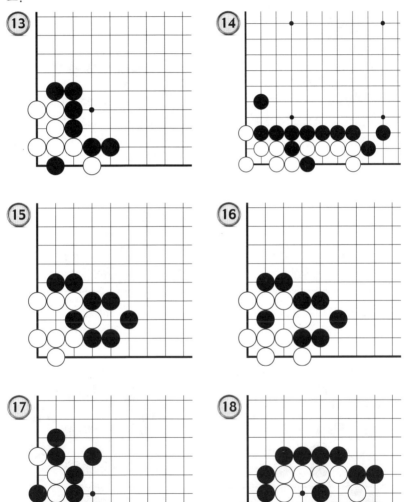

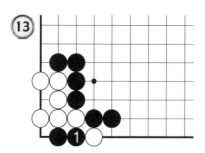

흑1로 두점으로 끊어서 먹여
치면 백은 옥집이 되어 살 수
없습니다.

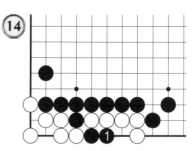

흑1로 두점으로 키워서 먹여
치면 백은 옥집이 되어 살 수
없습니다.

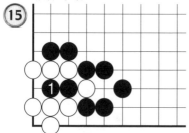

흑1로 두점으로 키워서 먹여
치면 백은 옥집이 되어 살 수
없습니다.

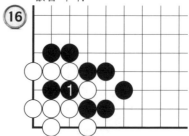

흑1로 두점으로 끊어서 먹여
치면 백은 옥집이 되어 살 수
없습니다.

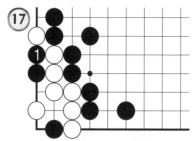

흑1로 두점으로 끊어서 먹여
치면 백은 옥집이 되어 살 수
없습니다.

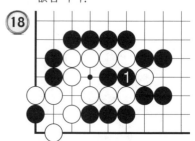

흑1로 두점으로 끊어서 먹여
치면 백은 옥집이 되어 살 수
없습니다.

두점 먹여치기를 이용해서 백을 옥집으로 만들려면 어느 곳에 두어야 할까요?

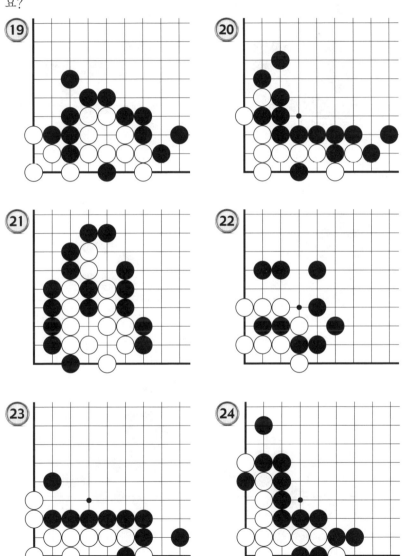

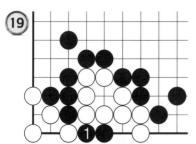

흑1로 두점으로 끊어서 먹여 치면 백은 옥집이 되어 살 수 없습니다.

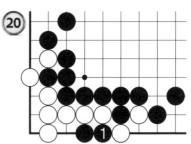

흑1로 두점으로 끊어서 먹여 치면 백은 옥집이 되어 살 수 없습니다.

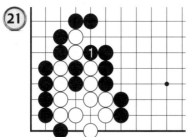

흑1로 두점으로 끊어서 먹여 치면 백은 옥집이 되어 살 수 없습니다.

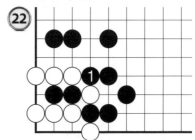

흑1로 두점으로 끊어서 먹여 치면 백은 옥집이 되어 살 수 없습니다.

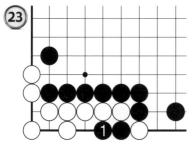

흑1로 두점으로 끊어서 먹여 치면 백은 옥집이 되어 살 수 없습니다.

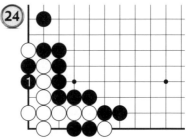

흑1로 두점으로 끊어서 먹여 치면 백은 옥집이 되어 살 수 없습니다.

# 연습문제 25~30

두점 먹여치기를 이용해서 백을 옥집으로 만들려면 어느 곳에 두어야 할까요?

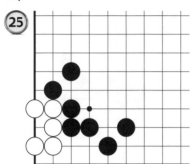

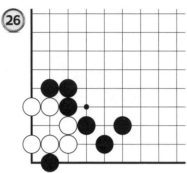

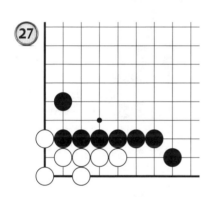

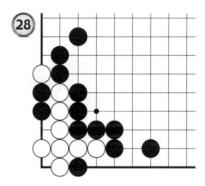

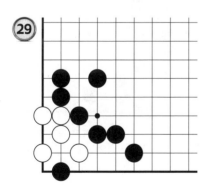

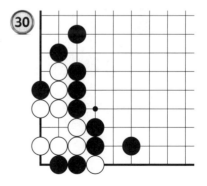

# 연습문제 25~30 정답

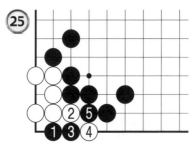

흑1로 붙인 후 백2·4 때 흑 3·5로 끊어서 먹여치면 백은 옥집이 되어 살 수 없습니다.

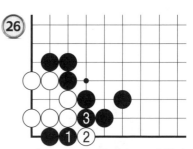

흑1·3으로 두점으로 키워서 끊으면 백은 옥집이 되어 살 수 없습니다.

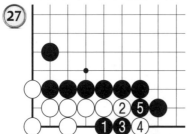

흑1로 붙인 후 백2·4 때 흑 3·5로 끊어서 먹여치면 백은 옥집이 되어 살 수 없습니다.

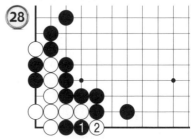

흑1로 키운 후 백2 때 흑3으로 먹여치면 백은 옥집이 되어 살 수 없습니다. (흑3…흑1)

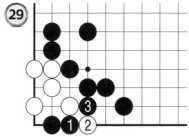

흑1로 키운 후 백2 때 흑3으로 먹여치면 백은 옥집이 되어 살 수 없습니다.

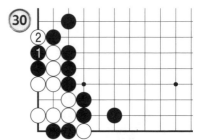

흑1로 키워서 죽인 후 백2 때 흑3으로 먹여치면 백은 옥집이 되어 살 수 없습니다. (흑3…흑1)

흑이 백을 공격해서 잡을 수 있으면 O표, 그렇지 않으면 ×표 하세요.

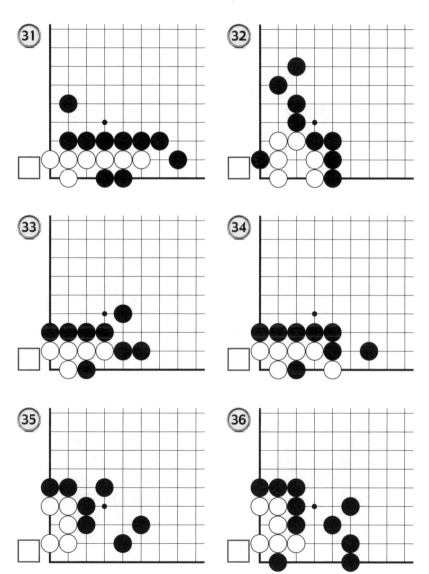

# 연습문제 31~36 정답

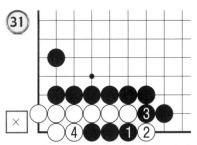

흑1·3은 백2·4까지 흑 석점
이 잡히므로 옥집으로 만들 수
없습니다.

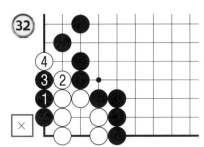

흑1·3은 백2·4까지 흑 석점
이 잡히므로 옥집으로 만들 수
없습니다.

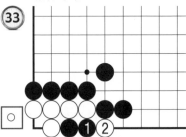

흑1, 백2 때 흑3으로 먹여치면
백을 옥집으로 만들 수 있습니
다. (흑3…흑1)

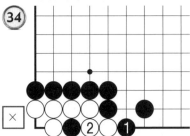

흑1로 단수칠 수밖에 없으므
로 옥집을 만들 수 없습니다.

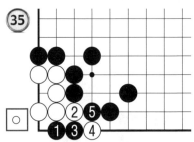

흑1로 붙인 후 백2·4 때 흑
3·5로 끊으면 두점 먹여치기가
되므로 백을 잡을 수 있습니다.

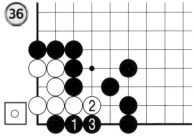

흑1, 백2 때 흑3이면 흑이 연
결되므로 백을 잡을 수 있습니
다.

# 제18장 자충을 이용해서 옥집 만들기

먹여치기를 이용해서 옥집을 만드는 것이 가장 기본적인
기술이라면 자충을 이용해서 옥집을 만드는 것은 고급 기
술에 해당합니다. 이 장을 통해서는 자충을 이용해서 옥집
을 만드는 방법을 공부하겠습니다.

## 장면도 1

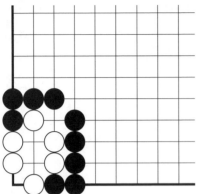

흑에게 둘러싸인 백은 완벽하게 나누어진 두집을 갖고 살아 있는 것처럼 보입니다. 그러나 백에겐 결정적인 약점이 남아 있습니다.

## 1도(먹여치기)

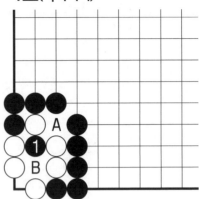

흑1로 먹여치는 것이 백의 약점을 찌르는 급소입니다. 이후 백은 자충이 되어 A에 잇지 못하고 B로 따낼 수밖에 없습니다.

## 2도(옥집)

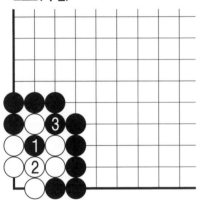

흑1로 먹여치면 백2로 따낼 수밖에 없는데 흑3으로 단수치는 순간 백은 옥집이 되었습니다.

## 3도(실패)

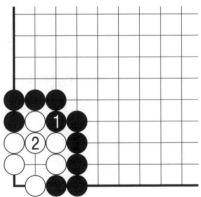

평범하게 흑1로 단수치면 백은 2로 잇고서 안전하게 살아 버립니다.

## 장면도 2

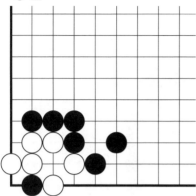

백은 흑 한점을 잡고 나누어진 두 집을 만들고 있는 것처럼 보입니다. 그러나 백의 자충을 이용하면 상황이 전혀 틀려집니다.

## 1도(내려서기)

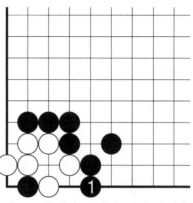

흑1로 내려서는 것이 백의 약점을 찌르는 급소입니다.

## 2도(자충)

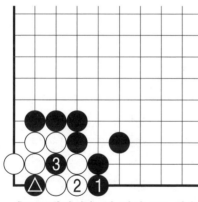

흑1로 내려섰을 때 백이 2로 이을 수는 없습니다. 흑● 한점 때문에 백은 자충이 되어 흑3으로 따먹히게 됩니다.

## 3도(옥집)

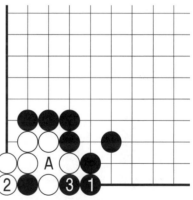

흑1로 내려섰을 때 백2로 따낸다면 흑3으로 단수쳐서 A의 곳이 옥집이 됩니다. 결국 흑1로 내려서는 수에 의해 백은 살 수 없습니다.

## 장면도 3

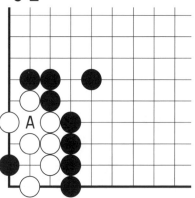

백은 A의 곳에 확실한 집을 갖고 있으므로 살아 있는 것처럼 보입니다. 그러나 흑이 자충이라는 비장의 무기를 사용하면 꼼짝없이 잡히게 됩니다.

## 1도(내려서기)

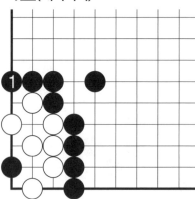

흑1로 내려서는 것이 공격의 시발점입니다.

## 2도(단수)

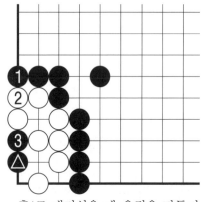

흑1로 내려섰을 때 옥집을 만들지 않기 위해 백2로 잇는다면 흑●와 합세해서 흑3으로 단수치는 수가 성립합니다. 백은 꼼짝없이 잡힌 신세가 되었습니다.

## 3도(옥집)

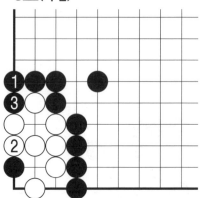

흑1로 내려섰을 때 백2로 보강한다면 이번엔 흑3으로 단수치는 수가 성립합니다. 백은 옥집이 되어 잡히고 말았습니다.

자충을 이용해서 백을 옥집으로 만들려면 흑이 어떻게 두어야 할까요?

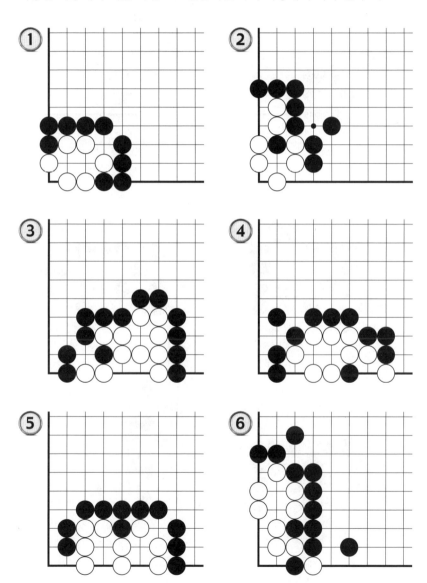

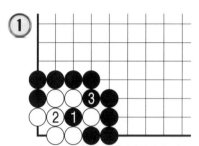

흑1로 먹여치는 것이 정답입니다. 자충 때문에 백2로 둘 수밖에 없을 때 흑3으로 단수치면 백은 옥집이 되었습니다.

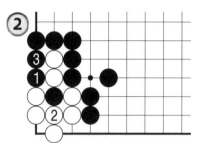

흑1로 먹여치는 것이 정답입니다. 자충 때문에 백2로 둘 수밖에 없을 때 흑3으로 단수치면 백은 옥집이 되었습니다.

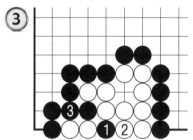

흑1로 먹여치는 것이 정답입니다. 자충 때문에 백2로 둘 수밖에 없을 때 흑3으로 단수치면 백은 옥집이 되었습니다.

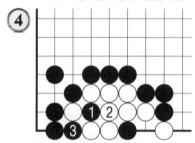

흑1로 먹여치는 것이 정답입니다. 자충 때문에 백2로 둘 수밖에 없을 때 흑3으로 단수치면 백은 옥집이 되었습니다.

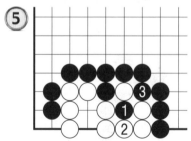

흑1로 먹여치는 것이 정답입 니다. 자충 때문에 백2로 둘 수밖에 없을 때 흑3으로 단수 치면 백은 옥집이 되었습니다.

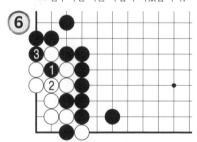

흑1로 먹여치는 것이 정답입 니다. 자충 때문에 백2로 둘 수밖에 없을 때 흑3으로 단수 치면 백은 옥집이 되었습니다.

자충을 이용해서 백을 옥집으로 만들려면 흑이 어떻게 두어야 할까요?

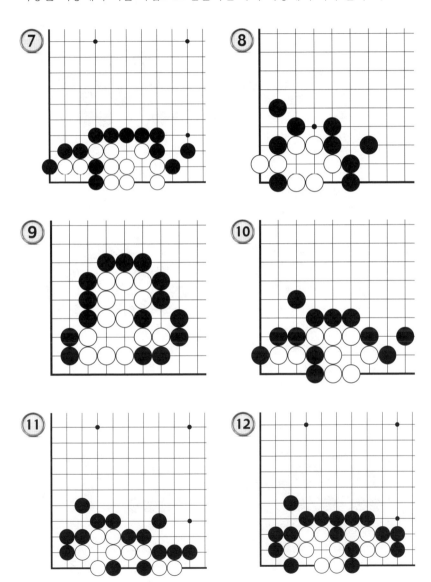

# 연습문제 7~12 정답

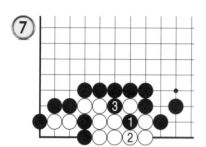

흑1로 먹여치는 것이 정답입니다. 자충 때문에 백2로 둘 수밖에 없을 때 흑3으로 단수치면 백은 옥집이 되었습니다.

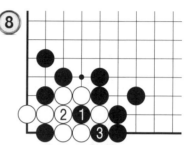

흑1로 먹여치는 것이 정답입니다. 자충 때문에 백2로 둘 수밖에 없을 때 흑3으로 단수치면 백은 옥집이 되었습니다.

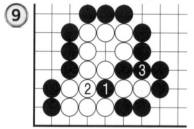

흑1로 먹여치는 것이 정답입니다. 자충 때문에 백2로 둘 수밖에 없을 때 흑3으로 단수치면 백은 옥집이 되었습니다.

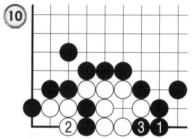

흑1로 먹여치는 것이 정답입니다. 자충 때문에 백2로 둘 수밖에 없을 때 흑3으로 단수치면 백은 옥집이 되었습니다.

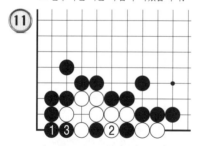

흑1로 먹여치는 것이 정답입니다. 자충 때문에 백2로 둘 수밖에 없을 때 흑3으로 단수치면 백은 옥집이 되었습니다.

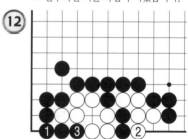

흑1로 먹여치는 것이 정답입니다. 자충 때문에 백2로 둘 수밖에 없을 때 흑3으로 단수치면 백은 옥집이 되었습니다.

# 제19장 3집의 사활

상대방에게 둘러싸였을 때 살 수 있나 없나를 판단하는 중
요한 기준은 집의 개수입니다. 이 장을 통해서는 사활의 가
장 기본이라고 할 수 있는 3집 사활에 대해서 공부하겠습
니다.

## 장면도 1

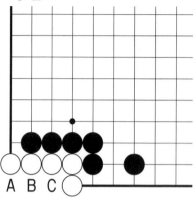

A B C

흑에게 둘러싸인 백은 A, B, C에 3집을 가지고 있습니다. 3집은 누가 먼저 두느냐에 따라 사느냐 죽느냐가 결정됩니다.

## 1도(백, 죽음)

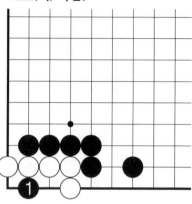

흑이 먼저 둔다면 흑1로 치중해서 백이 두집을 만들 수 없습니다.

## 2도(백, 삶)

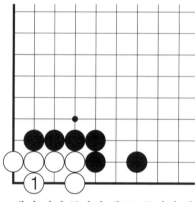

백이 먼저 둔다면 백1로 두어서 나누어진 두집을 장만할 수 있으므로 살게 됩니다.

## 3도(또 다른 유형)

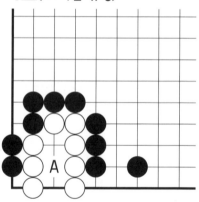

흑에게 둘러싸인 백 전체 역시 3집을 가지고 있습니다. 이 형태도 A의 곳이 사활의 급소가 됩니다.

## 장면도 2

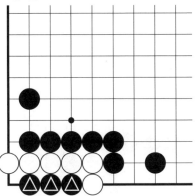

백이 흑♠ 석점을 잡은 형태입니다. 그러나 흑♠ 석점을 잡았다고 해서 완벽하게 살아 있는 것은 아닙니다. 그 이유를 알아보겠습니다.

## 1노(백, 따냄)

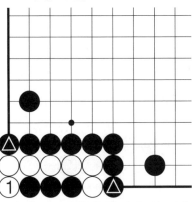

장면도는 흑♠에 돌이 놓일 경우 단수가 되므로 백은 1로 따낼 수밖에 없습니다.

## 2도(3집의 형태)

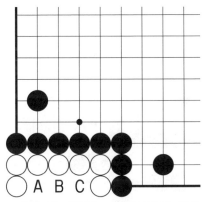

백이 흑 석점을 따낸 이후의 형태입니다. 백은 A, B, C에 3집을 갖고 있지만 흑이 먼저 둘 차례이므로 살 수 없습니다.

## 3도(백, 죽음)

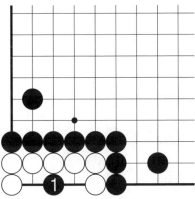

흑1로 치중해서 나누어진 두집을 만들지 못하도록 방해하면 백은 꼼짝없이 흑의 포로 신세가 됩니다.

## 장면도 3

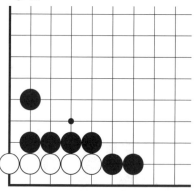

흑에게 둘러싸인 백을 잡을 수 있나 없나를 살펴보기로 합니다.

## 1도 (3집의 형태)

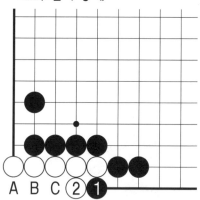

흑은 1로 젖혀서 백집의 수효를 줄여야 합니다. 백2로 막는다면 백은 A, B, C에 3개의 집만을 갖게 됩니다.

## 2도 (백, 죽음)

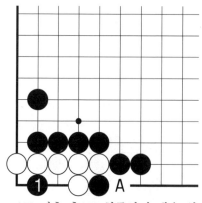

1도 이후 흑1로 치중하면 백은 살 수 없습니다. 백이 A에 두어 흑 한 점을 따내 봐야 옥집이 되므로 소용없는 행동입니다.

## 3도 (다른 공격)

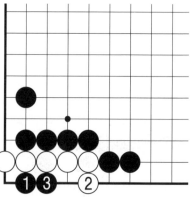

흑1로 치중해도 백을 잡을 수는 있습니다. 백2 때 흑3으로 공격하면 백은 3집의 사활을 벗어날 수 없습니다.

# 연습문제 1~6

3집을 갖고 있는 백을 잡으려면 흑은 어느 곳에 두어야 할까요?

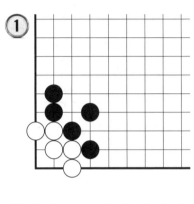

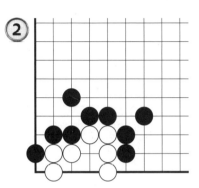

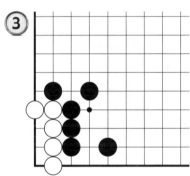

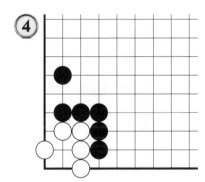

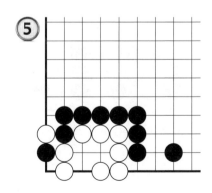

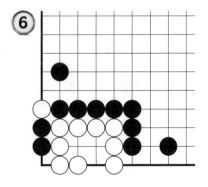

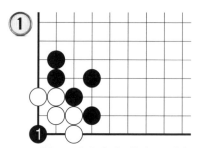

흑1로 치중하면 백이 두집을
만들 수 없으므로 잡을 수 있
습니다.

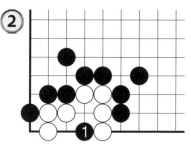

흑1로 치중하면 백이 두집을
만들 수 없으므로 잡을 수 있
습니다.

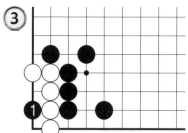

흑1로 치중하면 백이 두집을
만들 수 없으므로 잡을 수 있
습니다.

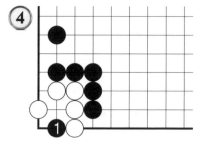

흑1로 치중하면 백이 두집을
만들 수 없으므로 잡을 수 있
습니다.

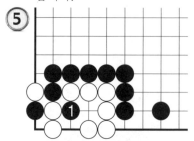

흑1로 치중하면 백이 두집을
만들 수 없으므로 잡을 수 있
습니다.

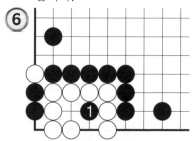

흑1로 치중하면 백이 두집을
만들 수 없으므로 잡을 수 있
습니다.

# 연습문제 7~12

백집을 3집으로 줄인 후에 치중해서 잡으려면 흑은 어떻게 두어야 할까요?
(3수 표시)

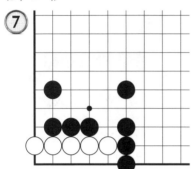

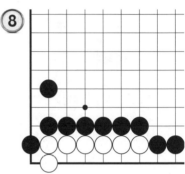

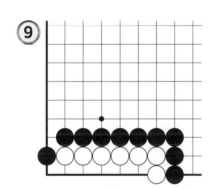

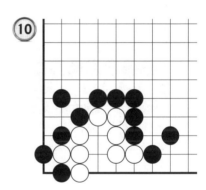

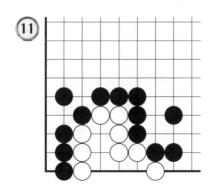

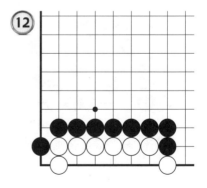

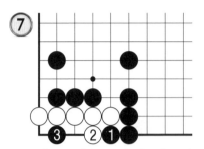

흑1로 집을 줄인 후 백2 때
흑3으로 치중하면 백을 잡을
수 있습니다.

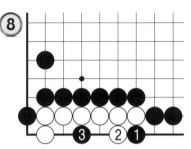

흑1로 집을 줄인 후 백2 때
흑3으로 치중하면 백을 잡을
수 있습니다.

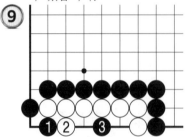

흑1로 집을 줄인 후 백2 때
흑3으로 치중하면 백을 잡을
수 있습니다.

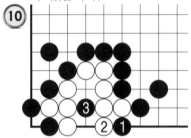

흑1로 집을 줄인 후 백2 때
흑3으로 치중하면 백을 잡을
수 있습니다.

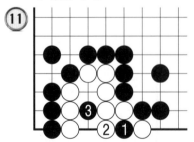

흑1로 집을 줄인 후 백2 때
흑3으로 치중하면 백을 잡을
수 있습니다.

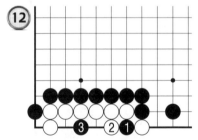

흑1로 집을 줄인 후 백2 때
흑3으로 치중하면 백을 잡을
수 있습니다.

백집을 3집으로 줄인 후에 치중해서 잡으려면 흑은 어떻게 두어야 할까요?
(3~5수 표시)

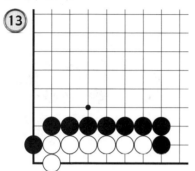

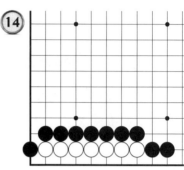

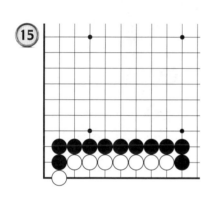

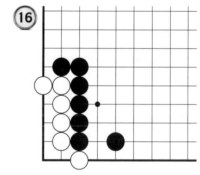

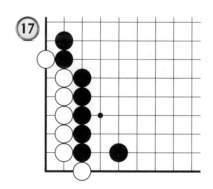

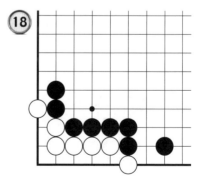

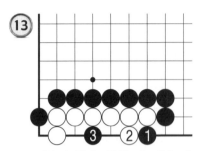

흑1로 집을 줄인 후 백2 때 흑3으로 치중하면 백을 잡을 수 있습니다.

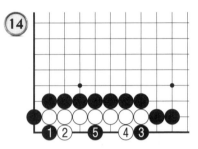

흑1·3으로 집을 줄인 후 백 2·4 때 흑5로 치중하면 백을 잡을 수 있습니다.

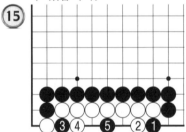

흑1·3으로 집을 줄인 후 백 2·4 때 흑5로 치중하면 백을 잡을 수 있습니다.

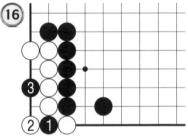

흑1로 집을 줄인 후 백2 때 흑3으로 치중하면 백을 잡을 수 있습니다.

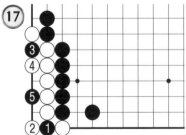

흑1·3으로 집을 줄인 후 백 2·4 때 흑5로 치중하면 백을 잡을 수 있습니다.

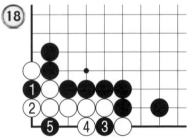

흑1·3으로 집을 줄인 후 백 2·4 때 흑5로 치중하면 백을 잡을 수 있습니다.

# 연습문제 19~24

백1 때 흑2가 잘 둔 수이면 ○표, 그렇지 않으면 ×표 하세요.

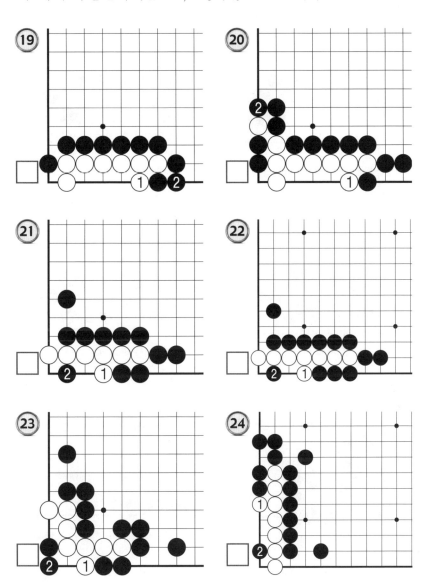

# 연습문제 19~24 정답

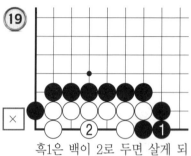

흑1은 백이 2로 두면 살게 되므로 나쁜 수입니다. 흑1로는 2의 곳에 치중해야 합니다.

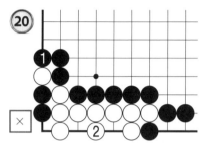

흑1은 백이 2로 두면 살게 되므로 나쁜 수입니다. 흑1로는 2의 곳에 치중해야 합니다.

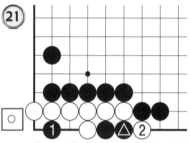

흑1은 백2로 따내도 흑3으로 먹여쳐서 옥집을 만들 수 있으므로 잘 둔 수입니다. (흑3…흑▲)

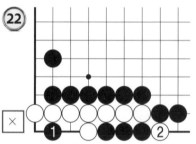

흑1은 백이 2로 석점을 따내면서 살게 되므로 나쁜 수입니다.

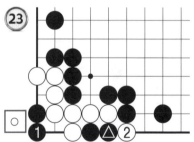

흑1은 백2로 따내도 흑3으로 먹여쳐서 옥집을 만들 수 있으므로 잘 둔 수입니다.(흑3…흑▲)

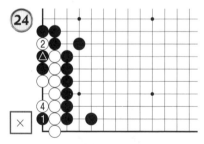

흑1은 백2 때 흑3으로 먹여쳐도 백4로 보강하면 살게 되므로 나쁜 수입니다.(흑3…흑▲)

흑◐를 잡고 있는 백이 살 수 있으면 ○표, 그렇지 않으면 ×표 하세요.

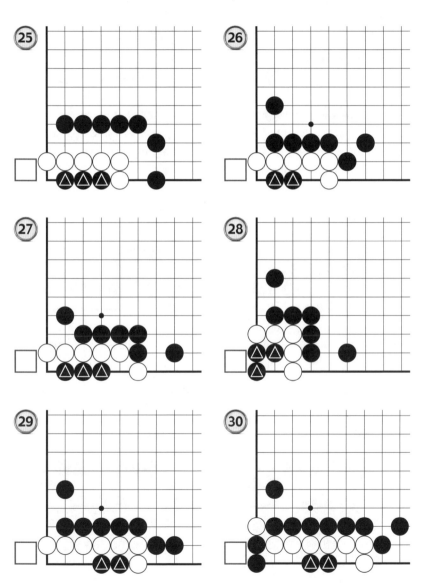

# 연습문제 25~30 정답

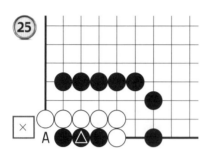

**25**

바깥 공배가 메워지면 백은 A로 따내야 하는데 흑이 흑▲의 곳에 치중해서 살 수 없습니다.

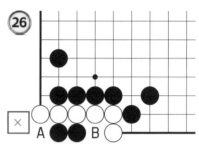

**26**

공배가 메워진 후 흑이 A나 B에 단수치면 백은 석점을 따낼 수밖에 없으므로 살 수 없습니다.

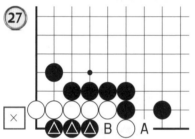

**27**

흑A로 단수치면 백B로 이어야 하고 또한 공배가 메워지면 백은 석점을 따낼 수밖에 없으므로 살 수 없습니다.

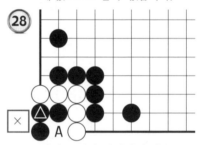

**28**

바깥 공배가 메워지면 백은 A로 따내야 하는데 흑이 흑▲의 곳에 치중해서 살 수 없습니다.

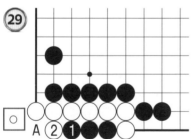

**29**

흑1로 두어도 백2로 따내면 A의 곳에 확실한 집을 장만하고 있으므로 살 수 있습니다. 백은 2를 손빼도 살 수 있습니다.

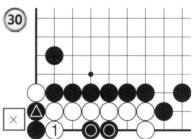

**30**

백1로 따내도 흑2로 먹여치면 살 수 없습니다. 백은 흑● 두점을 잡아도 3집뿐입니다. (흑2…흑●)

# 연습문제 31~36

흑1로 둔 수가 좋은 수이면 ○표, 나쁜 수이면 ○표 하세요.

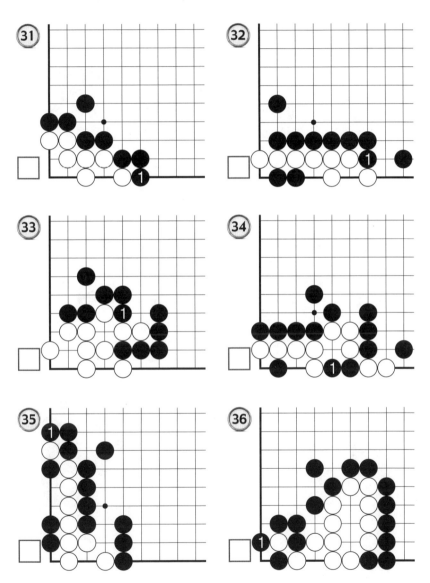

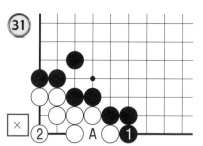

흑1은 백2로 보강해서 살게 되므로 나쁜 수입니다. 흑1은 두지 않아도 A의 곳이 옥집입니다.

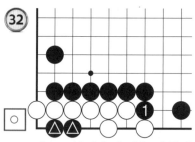

흑1로 두어서 옥집을 만들면 흑● 두점을 잡은 백은 3집 사활에 걸립니다.

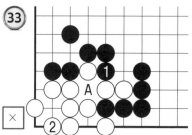

흑1은 백2로 보강해서 살게 되므로 나쁜 수입니다. 흑1은 두지 않아도 A의 곳이 옥집입니다.

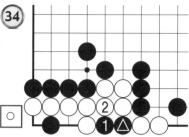

흑1은 백2 때 흑3으로 먹여쳐서 옥집을 만들 수 있으므로 잘 둔 수입니다. (흑3…흑●)

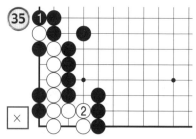

흑1은 백2로 보강해서 살게 되므로 나쁜 수입니다. 흑1은 2의 곳에 두어야 합니다.

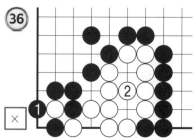

흑1은 백2로 보강해서 살게 되므로 나쁜 수입니다. 흑1은 두지 않아도 백이 옥집입니다.

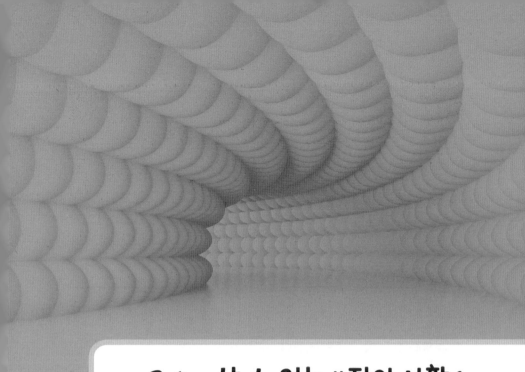

# 제20장 살 수 있는 4집의 사활 1

사활 문제에서 상대방이 공격해 오더라도 살아남기 위해서는 최소한 4집을 확보하고 있어야 합니다. 이 장을 통해서는 삶이 보장된 4집 사활에 대해 공부하도록 하겠습니다.

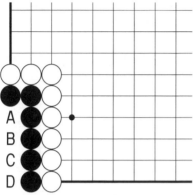

백에게 둘러싸인 흑은 A, B, C, D
에 일렬로 늘어선 4집(직사궁)을
갖고 있습니다. 이 흑돌의 사활이
어떻게 되는지 알아보겠습니다.

## 1도(흑, 삶)

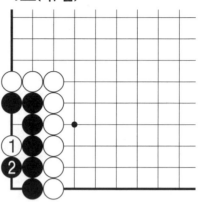

백1로 치중해서 공격해도 흑은 2
로 막아서 나누어진 두집을 갖고
살 수 있습니다.

## 2도(동일한 삶)

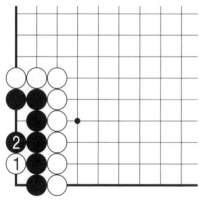

백1로 공격해도 흑2로 막으면 사
는 데 지장이 없습니다. 이처럼 일
렬로 늘어선 4집은 살 수 있는 형
태입니다.

## 3도(손뺌)

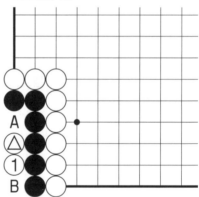

백△로 치중했을 때 손을 빼서는
안 됩니다. 백1로 공격하면 흑이
살 수 없습니다. 이후 백이 A나 B
에 단수치면 흑은 석점을 따먹어
도 3집 사활에 걸립니다.

## 장면도 2

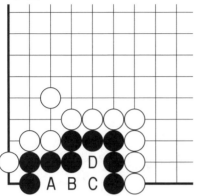

백에게 둘러싸인 흑은 A, B, C, D
에 구부러진 4집(곡사궁)을 갖고
있습니다. 이 흑돌의 사활이 어떻
게 되는지 알아보겠습니다.

## 1도(흑, 삶)

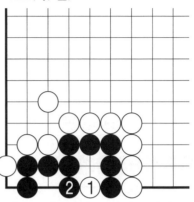

백1로 치중해서 공격해도 흑은 2
로 막아서 나누어진 두집을 갖고
살 수 있습니다.

## 2도(동일한 삶)

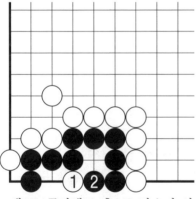

백1로 공격해도 흑2로 막으면 사
는 데 지장이 없습니다. 이처럼 구
부러진 4집은 살 수 있는 형태입
니다.

## 3도(흑, 죽음)

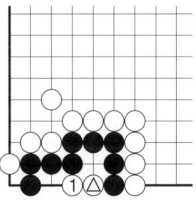

백△로 치중했을 때 손을 빼서는
안 됩니다. 백1로 공격하면 흑은
살 수 없는 형태가 됩니다.

## 장면도 3

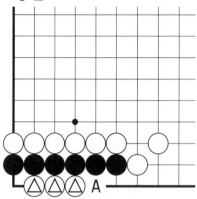

백△ 석점을 잡고 있는 흑의 사활은 어떻게 될까요? 흑이 A에 단수쳐서 백△ 석점을 잡는 것은 알기 쉽게 3집 사활에 걸려 죽습니다.

## 1도 (내려섬)

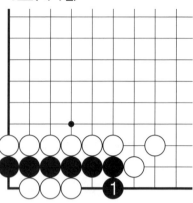

이 경우 흑이 3집 사활에 걸려 죽지 않기 위해서는 1로 내려서는 것이 좋습니다. 흑1로 내려서면 흑은 빅으로 살아 있습니다.

## 2도 (직사궁의 빅)

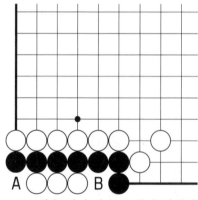

1도 이후 백이 단수를 치기 위해서는 A나 B에 두어야 하는데 흑에게 직사궁 형태로 따먹히기 때문에 흑을 잡을 수 없습니다. 이 형태는 흑과 백 모두 A나 B에 둘 수 없는 빅이 됩니다.

## 3도 (실패)

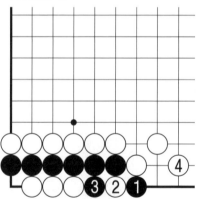

흑1로 젖히는 것은 큰 실수입니다. 백이 2로 먹여치면 3으로 따먹어야 하는데 흑은 3집 사활에 걸려 살 수 없는 모습입니다.

흑이 직사궁으로 살기 위해서는 어떻게 두어야 할까요?

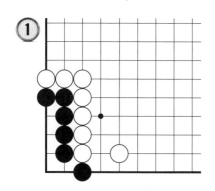

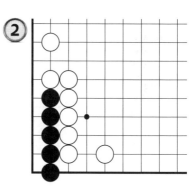

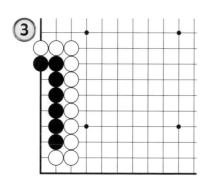

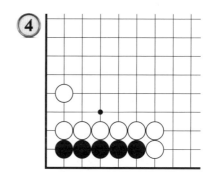

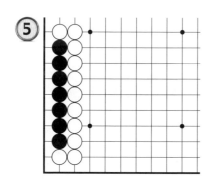

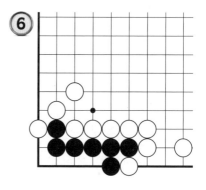

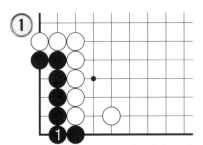

흑1로 이으면 흑은 직사궁의
형태로 살 수 있습니다.

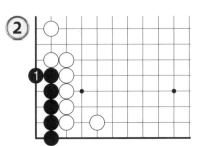

흑1로 내려서면 흑은 직사궁
의 형태로 살 수 있습니다.

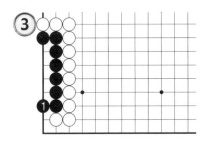

흑1로 내려서면 흑은 직사궁
의 형태로 살 수 있습니다.

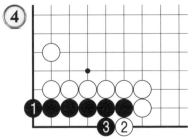

흑1로 내려서면 백2로 공격
해도 흑3으로 막아서 직사궁
의 형태로 살 수 있습니다.

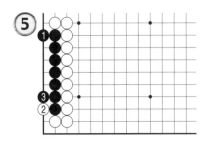

흑1로 내려서면 백2로 공격
해도 흑3으로 막아서 직사궁
의 형태로 살 수 있습니다.

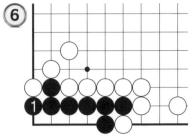

흑1로 막으면 흑은 직사궁의
형태로 살 수 있습니다.

# 연습문제 7~12

흑이 곡사궁으로 살기 위해서는 어떻게 두어야 할까요?

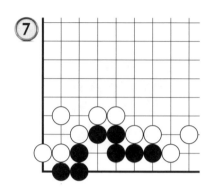

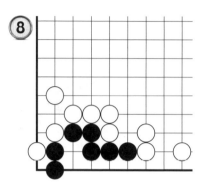

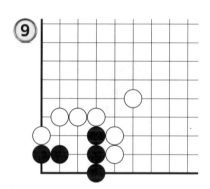

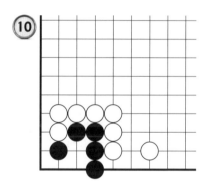

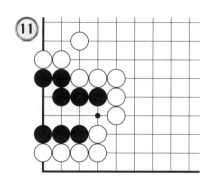

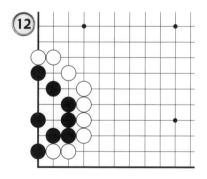

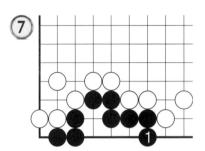

흑1로 내려서면 흑은 곡사궁
의 형태로 살 수 있습니다.

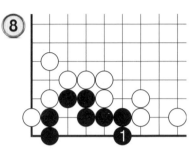

흑1로 내려서면 흑은 곡사궁
의 형태로 살 수 있습니다.

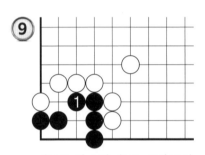

흑1로 막으면 흑은 곡사궁의
형태로 살 수 있습니다.

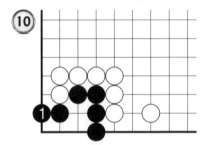

흑1로 내려서면 흑은 곡사궁
의 형태로 살 수 있습니다..

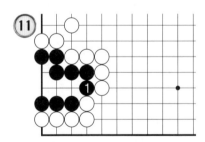

흑1로 막으면 흑은 곡사궁의
형태로 살 수 있습니다.

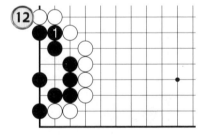

흑1로 보강하면 흑은 곡사궁
의 형태로 살 수 있습니다.

# 연습문제 13~18

흑1로 두어서 직사궁으로 살 수 있으면 ○표, 살 수 없으면 ×표 하세요.

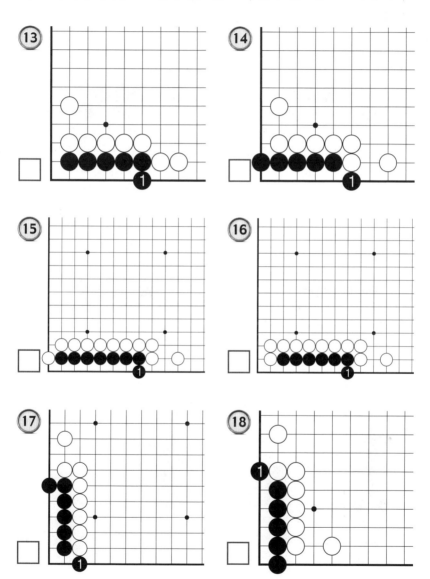

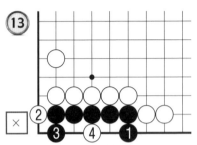

흑1로 내려서면 백2로 젖힌 후 흑3 때 백4로 공격해서 흑이 살 수 없습니다.

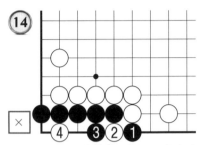

흑1로 젖히면 백2로 먹여친 후 흑3 때 백4로 공격해서 흑이 살 수 없습니다.

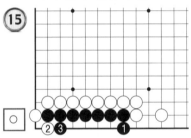

흑1로 내려서면 백2로 공격해도 흑3으로 막아서 살 수 있습니다.

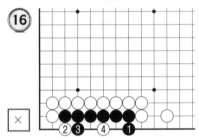

흑1로 내려서도 백2로 젖힌 후 흑3 때 백4로 치중하면 흑이 살 수 없습니다.

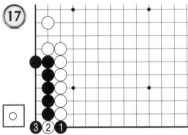

흑1로 젖히면 백이 2로 먹여쳐도 흑3으로 따내서 직사궁의 형태로 살 수 있습니다.

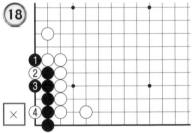

흑1로 젖히면 백2로 먹여친 후 흑3 때 백4로 치중해서 흑이 살 수 없습니다.

흑1로 두어서 곡사궁으로 살 수 있으면 ○표, 살 수 없으면 ×표 하세요.

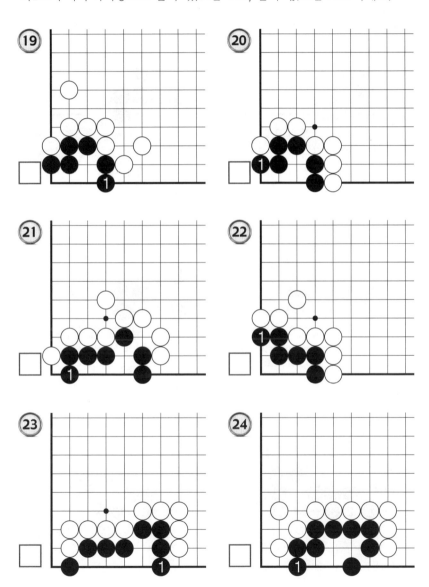

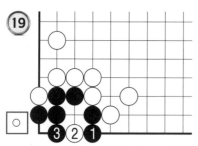

(19)

흑1로 내려서면 백2로 공격
해도 흑3으로 막아서 살 수
있습니다.

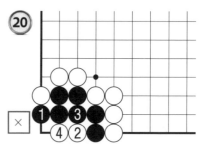

(20)

흑1로 막으면 백2가 선수가
되므로 흑3, 백4까지 흑이
살 수 없습니다.

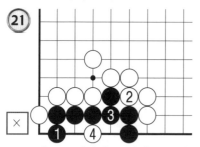

(21)

흑1로 내려서도 백이 2로 단
수친 후 흑3 때 4로 치중하
면 흑이 살 수 없습니다.

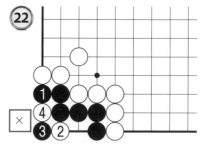

(22)

흑1로 막으면 곡사궁처럼 보
이지만 귀의 특수성 때문에
백2·4까지 패가 됩니다.

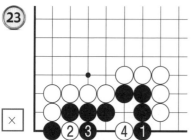

(23)

흑1로 내려서도 백2로 먹여
친 후 흑3 때 백4로 공격하
면 흑이 살 수 없습니다.

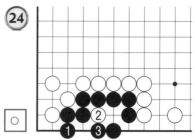

(24)

흑1로 내려서면 곡사궁 형태
가 되어 흑이 살 수 있습니
다.

둘러싸고 있는 백을 잡을 수 있으면 ○표, 잡을 수 없으면 ×표 하세요.

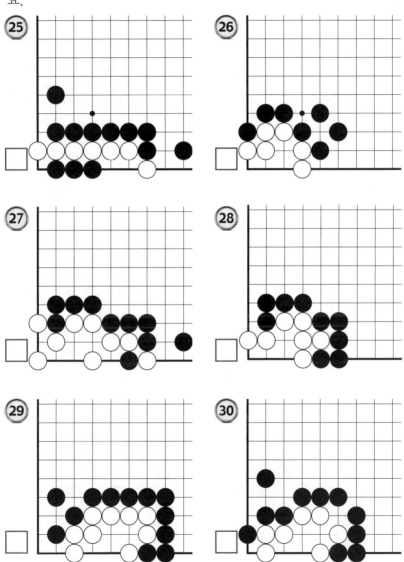

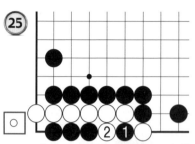

흑1로 먹여치면 백2로 따내도 백이 3집 사활에 걸리므로 잡을 수 있습니다.

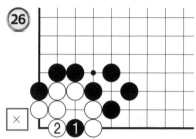

백이 곡사궁의 형태이기 때문에 흑1로 공격해도 백2로 응수해서 백을 잡을 수 없습니다.

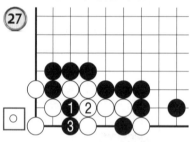

흑1로 끊으면서 단수가 되므로 백2 때 흑3으로 공격하면 백을 잡을 수 있습니다.

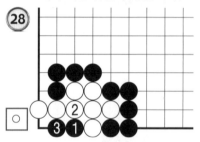

흑1로 두면 백2로 보강해야 하므로 흑3으로 공격해서 백을 잡을 수 있습니다.

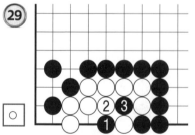

흑1로 두면 단수를 만들 수 있으므로 백2, 흑3까지 패로 잡을 수 있습니다.

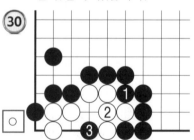

흑1로 단수친 후 백2 때 흑3으로 치중하면 백을 잡을 수 있습니다.

백이 빅으로 살아 있으면 ○표, 그렇지 않으면 ×표 하세요.

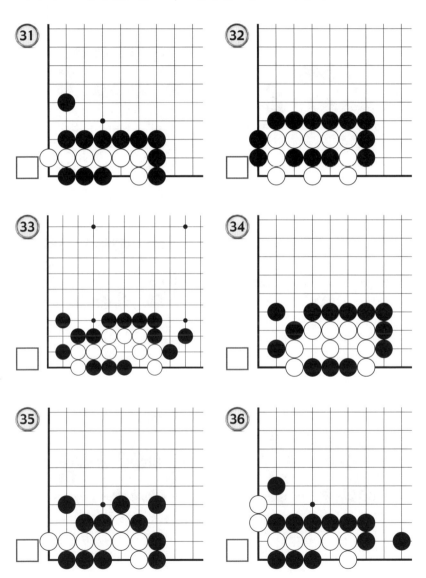

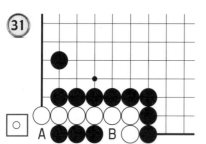

흑이 A나 B에 단수치면 직사궁 형태로 잡힙니다. 결국 백은 빅으로 살아 있습니다.

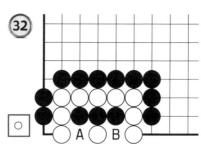

흑이 A나 B에 단수치면 직사궁 형태로 잡힙니다. 결국 백은 빅으로 살아 있습니다.

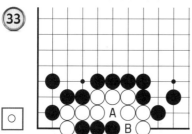

흑이 A에 단수치면 곡사궁으로 잡히고, B에 단수치면 직사궁 형태로 잡힙니다. 결국 백은 빅으로 살아 있습니다.

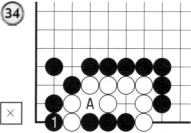

흑1로 단수치면 백은 A에 이어야 합니다. 그러므로 결국 백은 3집 사활에 걸려 잡힙니다.

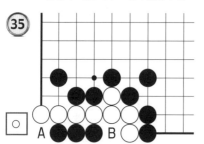

흑이 A나 B에 단수치면 직사궁 형태로 잡힙니다. 결국 백은 빅으로 살아 있습니다.

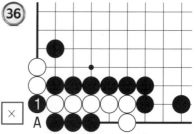

흑1로 먹여치면 백은 A에 따내야 합니다. 그러므로 결국 백은 3집 사활에 걸려 잡힙니다.

# 제21장 살 수 있는 4집의 사활 2

사활 문제에서 상대방이 공격해 오더라도 살아남기 위해서는 최소한 4집을 확보하고 있어야 합니다. 이 장을 통해서는 삶이 보장된 4집 사활에 대해 공부하도록 하겠습니다.

## 장면도 1

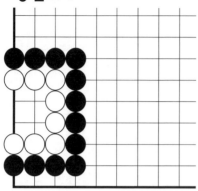

흑에게 둘러싸인 백은 4개의 집을 갖고 있습니다. 그런데 4개의 집 모양이 정사각형(정사궁) 형태입니다. 이런 정사각형 4집은 흑이 손을 빼도 죽어 있습니다.

## 1도(3집 사활)

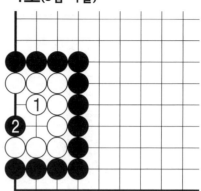

백이 1로 두는 것은 스스로 죽음을 자초하는 수입니다. 흑2로 치중하는 순간 잡혀 버리기 때문입니다.

## 2도(응용 문제)

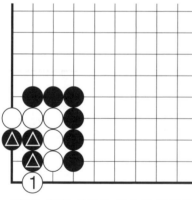

백1로 흑♠ 석점을 단수친 장면입니다. 이 경우 흑이 백을 잡는 방법은 무엇일까요?

## 3도(백, 죽음)

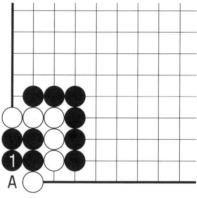

흑1로 잇는 것이 정답입니다. 이후 백은 A에 두어 흑 넉점을 따먹어도 정사각형 모양이 되므로 살 수 없습니다. 흑1로 두면 백은 빨리 포기하고 다른 곳에 두어야 합니다.

## 장면도 2

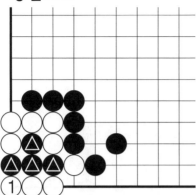

백이 1로 두어서 흑▲ 넉점을 따먹은 장면입니다. 이 형태는 흑▲ 넉점의 모양이 삿갓처럼 생겼다고 해서 삿갓형 사궁으로 불립니다. 그럼 흑 넉점을 따먹은 백의 사활이 어떻게 되는지 알아보겠습니다.

## 1도(백, 죽음)

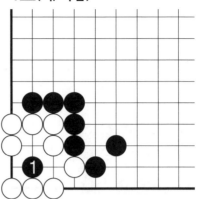

장면도 이후 흑이 1로 치중하면 백은 나누어진 두집을 만들 수 없습니다. 삿갓형 사궁은 정사궁과 더불어 4집을 갖고도 살 수 없는 대표적인 형태입니다.

## 2도(흑, 삶)

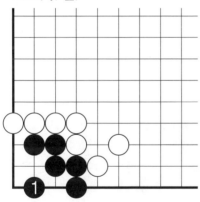

백에게 둘러싸인 흑을 살리기 위해서는 흑1로 보강해야 합니다. 흑1로 두면 흑은 나누어진 집을 갖고 살 수 있습니다.

## 3도(삿갓사궁)

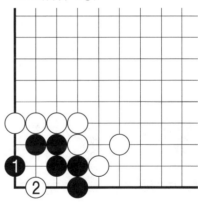

그런데 흑이 2도처럼 살지 않고 흑1로 두는 것은 대악수입니다. 흑1은 스스로 삿갓사궁을 만들어 준 형태입니다. 백은 기분 좋게 2로 치중해서 흑을 잡을 수 있습니다.

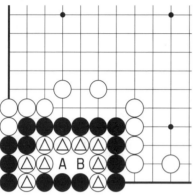

흑이 백△를 잡기 위해서는 A 또는 B에 단수쳐야 합니다. 그렇다면 A와 B 중 어느 곳으로 단수쳐야 할까요?

## 1도(정답)

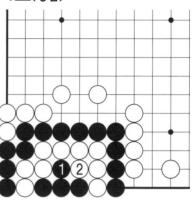

흑1로 단수쳐서 삿갓사궁 형태로 만들어 죽여야 합니다. 백은 2로 따냈지만 흑의 후속 공격에 두집을 마련할 수 없습니다.

## 2도(백, 죽음)

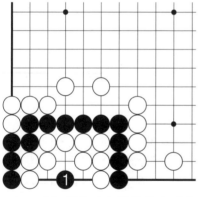

1도 이후 흑은 1로 치중해서 백을 죽음으로 유도할 수 있습니다.

## 3도(실패)

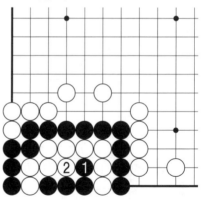

흑1로 단수치는 것은 큰 실수입니다. 백2로 따내면 곡사궁 형태가 되어 백은 나누어진 두집을 갖고 살아 버립니다.

흑이 어떻게 두어야 백을 잡을 수 있을까요?

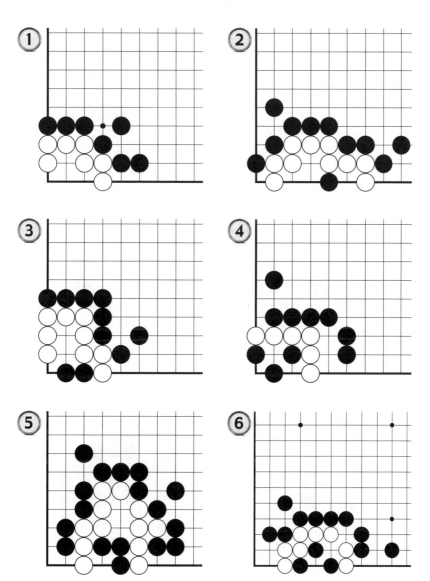

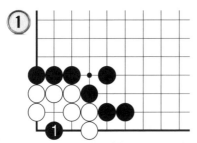

흑1로 공격해야 백을 잡을 수 있습니다.

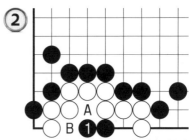

흑1로 공격해야 백을 잡을 수 있습니다. 이후 바깥 공배가 모두 메워졌다고 가정할 때 흑이 A와 B에 두면 삿갓형 사궁으로 단수칠 수 있습니다.

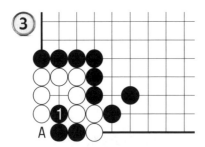

흑1로 공격해야 백을 잡을 수 있습니다. 이후 바깥 공배가 모두 메워졌다고 가정할 때 흑이 A에 두면 삿갓형 사궁으로 단수칠 수 있습니다.

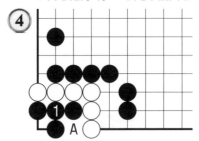

흑1로 공격해야 백을 잡을 수 있습니다. 이후 백이 A에 둔 후 흑 넉점을 따먹어도 삿갓형 사궁이 됩니다.

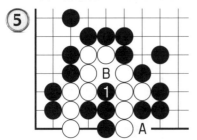

흑1로 공격해야 백을 잡을 수 있습니다. 이후 흑이 A에 단수칠 경우 백은 B에 이어야 하는데 백 전체가 삿갓형 사궁이 됩니다.

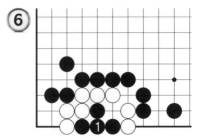

흑1로 연결하면 백을 삿갓형 사궁으로 만들어서 잡을 수 있습니다.

흑이 삿갓사궁의 형태를 피해서 살려면 어떻게 두어야 할까요?

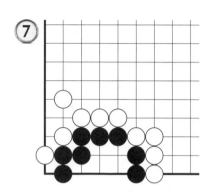

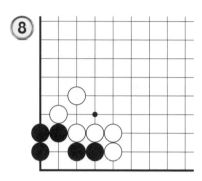

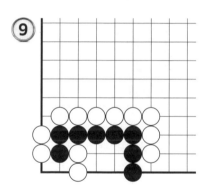

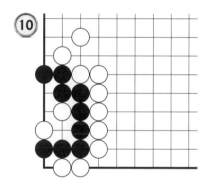

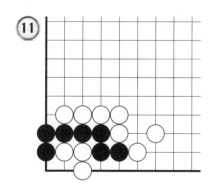

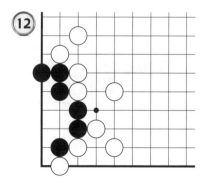

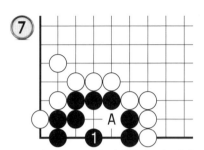

흑1로 호구쳐야 삿갓형 사궁을 피해 살 수 있습니다. 흑1로 A에 두면 삿 갓형 사궁이 되어 살 수 없습니다.

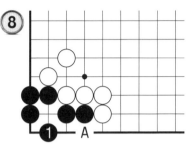

흑1로 호구쳐서 살아야 합니다. 흑1로 A는 삿갓형 사궁이 되므로 실패입니다.

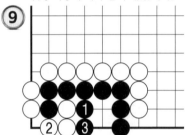

흑1로 두어야 합니다. 백2 때 흑3으로 백 석점을 잡고 살 수 있습니다.

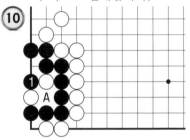

흑1이 정답. 이후 백이 흑 한점을 따내도 흑A로 단수치면 착수금지로 살 수 있습니다. 흑1로 A 는 백이 1의 곳에 이어서 삿갓사궁이 됩니다.

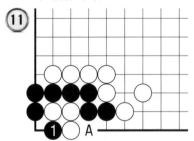

흑1이 정답입니다. 이후 백이 흑 한점을 따내도 흑A로 단수치면 착 수금지. 흑1로 A에 단수치면 백이 A에 이어서 정사궁이 됩니다.

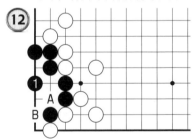

흑1로 호구쳐야 합니다. 이 후 백이 A에 단수쳐도 흑B 면 살 수 있습니다. 흑1로 A 는 삿갓사궁이 됩니다.

# 제22장 살 수 없는 5집의 사활

5개의 집을 갖고 있다면 거의 대부분 사는 데에는 큰 지장
이 없습니다. 그렇지만 5개의 집을 갖고 있어도 살 수 없는
특수한 형태가 있으므로 특별한 주의를 기울여야 합니다.
이 장을 통해서는 살 수 없는 5집 사활에 대해서 공부하겠
습니다.

## 장면도 1

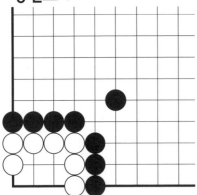

백은 5개의 집을 갖고 있는데 백의 집 모양이 지프차 형태를 취하고 있습니다. 이런 집모양을 가리켜 지프형 오궁이라고 부릅니다. 이 지프형 오궁은 흑이 먼저 둘 경우 살 수 없습니다.

## 1도(백, 죽음)

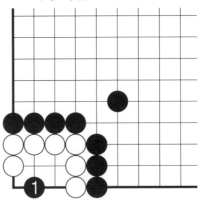

흑1로 치중하는 것이 공격이 급소입니다. 흑1을 허용하면 백은 두집을 장만하지 못하고 잡힙니다.

## 2도(3집의 사활)

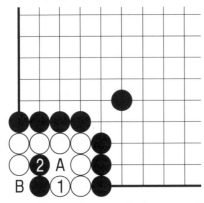

1도 이후 백1로 두면 흑2로 공격하는 것이 좋은 수입니다. 이후 흑이 A나 B에 단수치면 백은 3집 사활에 걸립니다. 물론 흑은 손을 쓰지 않아도 백을 잡을 수 있습니다.

## 3도(죽음의 사궁)

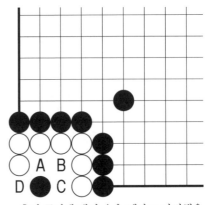

흑의 공격에 백이 손을 뺀다고 가정했을 때 백이 잡힌 이유를 설명하겠습니다. 이 형태는 이후 흑이 A, B, C에 두면 정사궁으로 단수가 됩니다. 또한 A, C, D에 두어도 백을 삿갓사궁으로 단수칠 수 있으므로 백을 잡을 수 있는 것입니다.

## 장면도 2

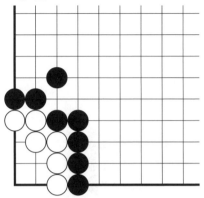

위치만 바뀌었을 뿐 이 형태 역시 백은 지프형 오궁입니다.

## 1도(백, 죽음)

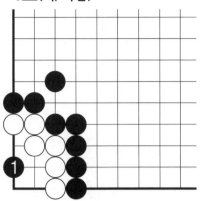

장면도 이후 흑이 1로 치중하면 백은 나누어진 두집을 장만할 방법이 없습니다.

## 2도(십자형 오궁)

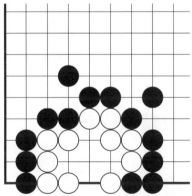

백은 5개의 집을 갖고 있는데 백의 집모양이 십자가(十) 형태를 이루고 있습니다. 이런 집모양을 가리켜 십자형 오궁이라고 부릅니다. 이 십자형 오궁도 흑이 먼저 둘 경우 살 수 없습니다.

## 3도(백, 죽음)

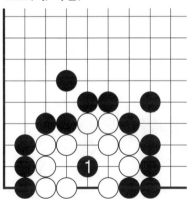

흑1로 치중하면 백은 나누어진 두집을 장만하지 못하고 잡힙니다.

## 익힘문제 1

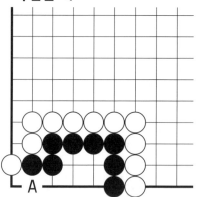

백에게 둘러싸인 흑을 살리는 문제입니다. 흑이 집의 수효를 늘린다고 A에 내려서면 지프형 오궁이 되므로 안 됩니다. 이 경우 흑을 살리는 방법은 무엇일까요?

## 1도(정답)

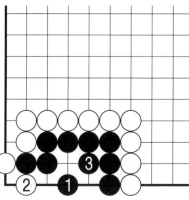

흑1로 호구치는 것이 정답입니다. 백2로 공격해도 흑은 3에 두어 두 집을 장만할 수 있습니다.

## 익힘문제 2

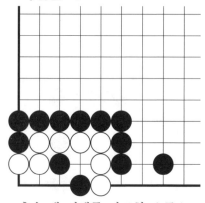

흑은 백 전체를 지프형 오궁으로 유도해서 잡고 싶습니다. 흑이 어느 곳에 두면 백을 잡을 수 있을까요?

## 1도(정답)

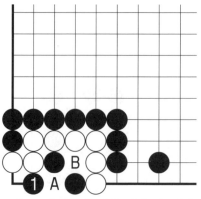

흑1로 호구치면 백을 잡을 수 있습니다. 이 백이 잡힌 이유는 흑이 A에 이은 후 B에 단수치면 지프형 오궁으로 유도할 수 있기 때문입니다.

# 연습문제 1~6

백은 지프형 오궁 형태를 취하고 있습니다. 흑이 백을 잡으려면 어느 곳에 두어야 할까요?

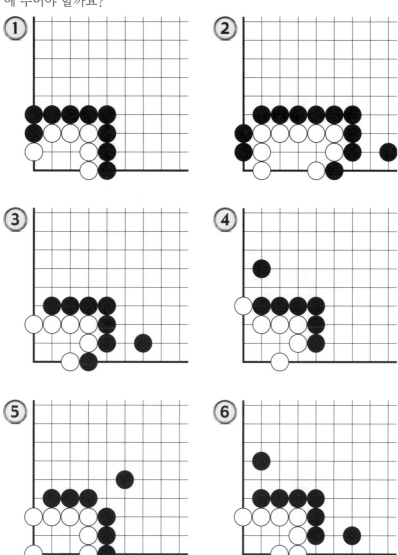

# 연습문제 1~6 정답

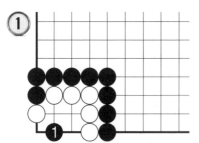

흑1로 치중하면 지프형 오궁
인 백을 잡을 수 있습니다.

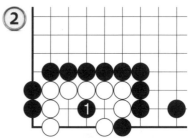

흑1로 치중하면 지프형 오궁
인 백을 잡을 수 있습니다.

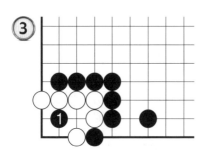

흑1로 치중하면 지프형 오궁
인 백을 잡을 수 있습니다.

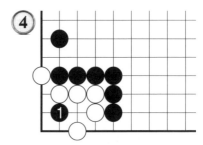

흑1로 치중하면 지프형 오궁
인 백을 잡을 수 있습니다.

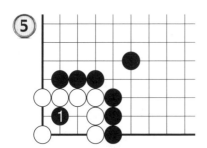

흑1로 치중하면 지프형 오궁
인 백을 잡을 수 있습니다.

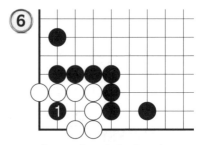

흑1로 치중하면 지프형 오궁
인 백을 잡을 수 있습니다.

백을 지프형 오궁으로 유도해서 공격하고 싶습니다. 흑이 백을 잡으려면
어느 곳에 두어야 할까요?

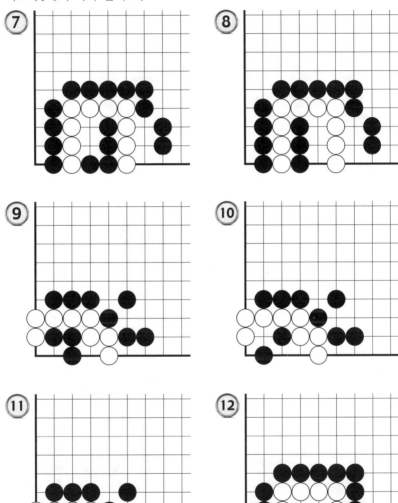

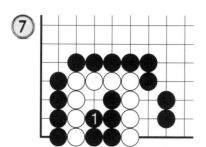

흑1로 두면 백은 흑 다섯점을 잡아도 지프형 오궁이 됩니다.

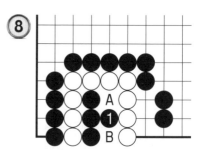

흑1로 둔 후 A나 B에 두면 백을 지프형 오궁으로 만들 수 있습니다.

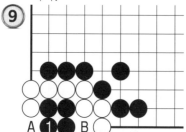

흑1로 둔 후 A나 B에 두면 백을 지프형 오궁으로 만들 수 있습니다.

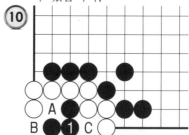

흑1로 둔 후 A, B 또는 A, C에 두면 백을 지프형 오궁으로 만들 수 있습니다.

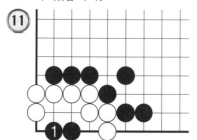

흑1로 공격하면 지프형 오궁인 백을 잡을 수 있습니다.

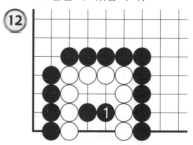

흑1로 공격하면 지프형 오궁인 백을 잡을 수 있습니다.

백을 지프형 오궁으로 유도한 후 급소에 치중해서 잡으세요. (3수 표시)

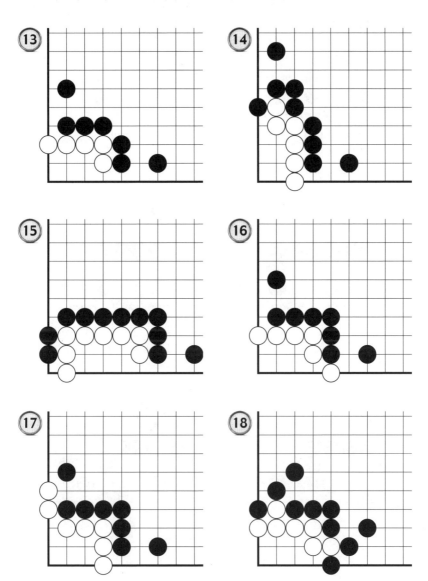

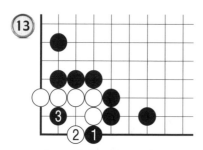

흑1로 젖히면 백2로 막아도 지프형 오궁이 됩니다. 흑3으로 공격하면 백을 잡을 수 있습니다.

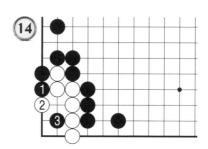

흑1로 젖히면 백2로 막아도 지프형 오궁이 됩니다. 흑3으로 공격하면 백을 잡을 수 있습니다.

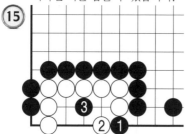

흑1로 젖히면 백2로 막아도 지프형 오궁이 됩니다. 흑3으로 공격하면 백을 잡을 수 있습니다.

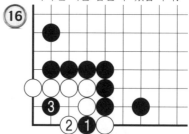

흑1로 젖히면 백2로 막아도 지프형 오궁이 됩니다. 흑3으로 공격하면 백을 잡을 수 있습니다.

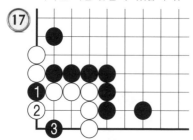

흑1로 젖히면 백2로 막아도 지프형 오궁이 됩니다. 흑3으로 공격하면 백을 잡을 수 있습니다.

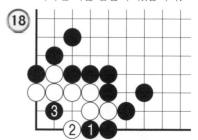

흑1로 젖히면 백2로 막아도 지프형 오궁이 됩니다. 흑3으로 공격하면 백을 잡을 수 있습니다.

흑1로 두어서 백을 죽음의 오궁으로 유도할 수 있으면 ○표, 그렇지 않으면 ×표 하세요.

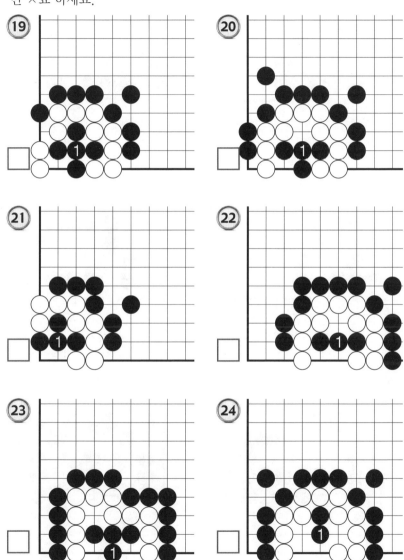

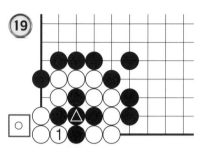

흑⬤ 때 백1로 따내도 백은 십자형 오궁이 됩니다. 흑2로 치중하면 백이 죽음. (흑2…흑⬤)

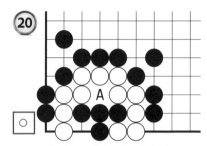

흑이 A에 두면 십자형 오궁으로 유도할 수 있으므로 백을 잡을 수 있습니다.

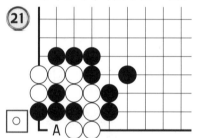

흑이 A에 두면 십자형 오궁으로 유도할 수 있으므로 백을 잡을 수 있습니다.

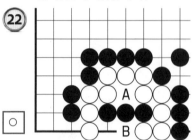

흑이 A와 B에 두면 십자형 오궁으로 유도할 수 있으므로 백을 잡을 수 있습니다.

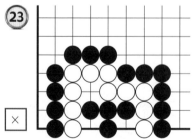

흑이 어떻게 두어도 십자형 오궁이나 지프형 오궁으로 단수칠 수 없으므로 백을 잡을 수 없습니다. 이 형태는 빅입니다.

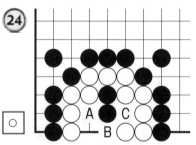

흑이 A, B, C에 두면 십자형 오궁으로 유도할 수 있으므로 백을 잡을 수 있습니다.

# 이창호 바둑입문 2

## - 기초 완성 편 -

지은이 / 이창호 · 성기창
펴낸이 / 강희일 · 박은자
펴낸곳 / 다산출판사

1판 1쇄 발행 / 2015년 3월 20일
1판 9쇄 발행 / 2024년 1월 10일

등록일자 / 1979년 6월 5일
등록번호 / 제3-86호(윤)

주소 / 서울시 마포구 대흥로 6길 8 다산빌딩 402호
전화번호 / 717-3661~2
팩시밀리 / 716-9945
홈페이지 / http://www.dasanbooks.co.kr

정가 12,000원

ISBN 978-89-7110-481-1 04690
ISBN 978-89-7110-479-8(세트)

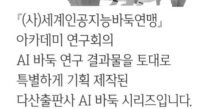